Eis tua mãe

Síntese de Mariologia

Eis tua mãe

Síntese de Mariologia

LEOMAR A. BRUSTOLIN

Paulinas

Dados Internacionais de Catalogação na Publicação (CIP)
(Câmara Brasileira do Livro, SP, Brasil)

Brustolin, Leomar Antonio
　　Eis a tua mãe : síntese de mariologia / Leomar Antonio Brustolin.
– São Paulo : Paulinas, 2017. (Encontro com Maria)

ISBN: 978-85-356-4271-1

1. Maria, Virgem, Santa I. Título. II. Série.

17-01167　　　　　　　　　　　　　　　　　　　　CDD-232.91

Índice para catálogo sistemático:
1. Maria, Mãe de Jesus : Mariologia　　232.91

1ª edição – 2017
3ª reimpressão – 2021

Direção-geral: Bernadete Boff
Editora responsável: Vera Ivanise Bombonatto
Copidesque: Ana Cecilia Mari
Coordenação de revisão: Marina Mendonça
Revisão: Sandra Sinzato
Gerente de produção: Felício Calegaro Neto
Capa e projeto gráfico: Claudio Tito Braghini Junior

Nenhuma parte desta obra poderá ser reproduzida ou transmitida por qualquer forma e/ou quaisquer meios (eletrônico ou mecânico, incluindo fotocópia e gravação) ou arquivada em qualquer sistema ou banco de dados sem permissão escrita da Editora. Direitos reservados.

Paulinas

Rua Dona Inácia Uchoa, 62
04110-020 – São Paulo – SP (Brasil)
Tel.: (11) 2125-3500
http://www.paulinas.com.br – editora@paulinas.com.br
Telemarketing e SAC: 0800-7010081

© Pia Sociedade Filhas de São Paulo – São Paulo, 2017

Sumário

Introdução 7

1. Quem foi Maria de Nazaré? 11
   1.1 A sobriedade dos dados históricos 11
   1.2 Beleza e modelo de pobreza 16

2. Maria na Palavra de Deus: Mariologia bíblica 19
   2.1 Anunciação 20
   2.2 Visitação 31
   2.3 *Magnificat* 32
   2.4 José, esposo de Maria 35
   2.5 Encarnação 36
   2.6 Maria meditava em seu coração 39
   2.7 Uma espada a traspassará 40
   2.8 Cuidar das coisas do Pai 41
   2.9 Fazei tudo o que ele vos disser 43
   2.10 Sua mãe e seus irmãos 45
   2.11 Eis tua mãe 48
   2.12 A Mãe de Jesus estava com eles 52

3. Maria na fé da Igreja: dogmática mariológica 53
   3.1 Maternidade divina 54
   3.2 Virgindade perpétua 59

3.3 Imaculada Conceição 64
3.4 Assunção 69

4. Títulos marianos..77
   4.1 *Mater Misericordiae*: Mãe da Misericórdia....................77
   4.2 *Salus Infirmorum*: Saúde dos Enfermos........................80
   4.3 Medianeira de todas as graças 82
   4.4 Maria: Mãe da Igreja...84

5. Culto mariano e piedade popular: Mariologia e religiosidade ... 87
   5.1 O culto mariano na Igreja..87
   5.2 Imagens e estátuas no culto a Maria................................90
   5.3 Mariologia e religiosidade 92
   5.4 Súplicas marianas 93
   5.5 *Ângelus*..93
   5.6 Escapulário..94
   5.7 Rosário..94
   5.8 Santa Maria no sábado..97
   5.9 Romarias..98
   5.10 Santuários 100
   5.11 Ex-votos e milagres...105
   5.12 Aparições de Nossa Senhora 107
   5.13 Espiritualidade mariana 116

Conclusão.. 119

Referências 123

Introdução

A tradição cristã produziu muitos textos, compôs orações, entoou hinos e venerou de forma especial a Mãe de Deus. Na História da Igreja, conhece-se a miríade de ícones, títulos, imagens e símbolos que evocam a Virgem de Nazaré. Em cada região do planeta, onde o Cristianismo anunciou o Evangelho, ergueram-se templos a ela dedicados.

Falar de Maria é entrar em um mundo fascinante, seja pela importância que ela tem na comunidade dos seguidores de Jesus, seja pela sobriedade dos dados referentes à sua pessoa, seja pela determinante função que exerce na História da Salvação. Compartilhamos do pensamento de Edward Schillebeeckx que se opunha tanto ao sentimentalismo que produz exageros quanto ao minimalismo que racionaliza o lugar de Maria na fé cristã.[1] É preciso garantir, entretanto, que a pessoa da Virgem Maria de Nazaré pertence ao núcleo central da fé revelada, pela sua participação efetiva no mistério da Encarnação do Verbo de Deus. A grandeza de Maria reside exatamente no fato de ela não querer fazer-se grande, mas de engrandecer a Deus. "Sabe que contribui para a salvação do mundo, não realizando uma

---

[1] SCHILLEBEECKX, E.; HALKES, C. *Maria: ieri, oggi, domani*, p. 39.

sua obra, mas apenas se colocando totalmente à disposição das iniciativas de Deus."[2]

Nesta obra, convidamos o leitor a abrir-se ao encontro com Maria humana, humilde, simples e totalmente disponível a Deus e ao próximo. Com isto, educamos o nosso olhar para percorrer o caminho da Virgem de Nazaré, o qual lhe permitiu ter um final feliz na Glória, com a Santíssima Trindade. O texto pretende ser uma síntese de Mariologia, apresentando os dados sobre Maria na Bíblia, refletindo sobre os quatro dogmas marianos e a presença da Mãe de Deus na fé da Igreja e na piedade popular. O objetivo é disponibilizar, sinteticamente, elementos que possibilitem a todo cristão, devoto de Maria, conhecê-la melhor, para mais amar a Mãe que o Cristo nos deu.

Deixemo-nos acompanhar pelo pensamento da jovem mística Santa Teresinha do Menino Jesus, que reivindicava um olhar sobre Maria menos fantasioso e mais integrado ao mistério da salvação:

> *Sabe-se bem que a Santíssima Virgem é a Rainha do céu e da terra, porém é mais mãe do que rainha; e seria necessário não fazer acreditar (como com frequência tenho ouvido dizer) que a causa de suas prerrogativas eclipsa a glória de todos os santos, como o sol ao levantar-se faz desaparecer as estrelas. Meu*

---

[2] Cf. BENTO XVI. *Deus Caritas Est*, n. 41.

Deus, que estranho! Uma mãe que faz desaparecer a glória de seus filhos! Eu penso exatamente o contrário, eu creio que ela aumentará muito o esplendor dos eleitos![3]

Dom Leomar Antônio Brustolin
Bispo auxiliar de Porto Alegre

---

[3] Santa Teresinha. In: LAURENTIN, R. *Maria, clave del misterio Cristiano*, p. 50.

Quem foi Maria de Nazaré?

1.1 A sobriedade dos dados históricos

Temos poucos dados históricos sobre a mulher escolhida por Deus para ser a Mãe de Jesus Cristo. São Luís Maria Grignion de Montfort declarou que Deus consentiu aos apóstolos e evangelistas que falassem pouquíssimo dela: somente o necessário para que se fizesse conhecer Jesus, mesmo sendo ela a Esposa do Espírito Santo.[1] Ela participou da longa caminhada de fé e de esperança registrada no Antigo Testamento; desde Sara, mulher de Abraão, até Isabel, esposa de Zacarias, desenvolveu-se uma autêntica história da promessa, marcada por homens e mulheres que aguardavam a chegada do Messias Salvador. "Na plenitude dos tempos, a Palavra de Deus dirigiu-se a Maria, e ela acolheu-a com todo o seu ser, no seu coração, para que nela tomasse carne e nascesse como luz para os homens".[2]

Maria é a forma greco-latina do que em hebraico se traduz por Miriam; mesmo nome da irmã de Moisés. Maria significa,

---
[1] MONTFORT, L. M. G. *La vera devozione*, n. 4, p. 15.
[2] FRANCISCO. *Lumen Fidei*, n. 58.

etimologicamente, "dom de Deus".[3] Os textos apócrifos, especificamente o Protoevangelho de Tiago, afirmam que seus pais eram Joaquim e Ana. Possivelmente ela teria entre quatorze e dezesseis anos quando ficou noiva de José, carpinteiro de Nazaré e descendente da casa real de Davi.

Maria foi extraordinária em sua vida cotidiana. Apesar de ter vivido em um contexto patriarcal e violento, ela foi livre e disponível para gerar Cristo ao mundo. É oportuno recordar o caráter profético de sua feminilidade: noiva prometida a José, não temeu acolher um projeto maior que o seu e de seu noivo e entregou-se totalmente a essa misteriosa presença que a visitou e a deixou grávida.

Maria não hesitou em correr o risco de ser apedrejada, que era o que se fazia com mulheres que geravam filhos fora do matrimônio naquela época. Na acolhida do dom do alto, não estava em jogo cumprir leis ou princípios, nela se envolveram duas liberdades: a de Deus, que lhe propõe, e a sua, de menina de Nazaré, com seus sonhos e planos.

Nos evangelhos apócrifos, considerados não inspirados, há relatos sobre a vida de Nossa Senhora. Eles defendem a virgindade de Maria contra as calúnias dos hebreus. Recorrem a elementos fantasiosos, apreciam detalhes insignificantes e colocam o protagonismo de Maria nos relatos. O Protoevangelho de

---

[3] SCHILLEBEECKX, E. *Maria: ieri, oggi, domani*, p. 68.

Tiago tem como título A *natividade de Maria*, e é um relato mariano em chave narrativa. Ele se limita a descrever a vida de Maria até a adoração dos magos. Apresenta a Natividade de Maria em um contexto de santidade, pois a descreve sendo conduzida ao Templo de Jerusalém, aos três anos de idade, para viver entre outras virgens, tendo crescido junto ao santuário.

Para Tiago, ela vive no Templo de Jerusalém e é servida por um grupo de meninas sem mancha. Ele também revela que ela era reverenciada pelos sacerdotes: "Deus dos lugares excelsos, olha de novo esta menina e dá-lhe a bênção máxima, que depois dela ninguém mais tenha" (VI, 2). A Igreja não reconhece a autenticidade histórica destes escritos.

É preciso destacar, porém, que tanto o texto canônico de Lucas quanto o apócrifo de Tiago concordam que Maria é abençoada por Deus. O favor do Senhor e a abundância de suas graças a acompanham. Ela é cheia de graça, mulher escolhida para ser sinal da bênção de Deus. Ela mesma, em seu *Magnificat*, sente-se merecedora da bênção divina, por isso proclama: "Doravante as gerações todas me chamarão de bem-aventurada, pois o Todo-poderoso fez grandes coisas em meu favor" (Lc 1,48s).

Historicamente, é pouco provável que Maria tenha vivido no Templo de Jerusalém. Sabemos, pelos relatos evangélicos de Lucas e Mateus, que a Sagrada Família de Nazaré vivia modestamente. Os sóbrios dados que os textos bíblicos nos oferecem não impedem de traçarmos o perfil da vida de Maria. Ela vivia em sua casa (Lc 1,56) e, depois das núpcias, foi morar na casa de José (Mt 1,24 e 2,23). Sua subsistência era garantida pelo trabalho artesanal de José e de Jesus (Mt 13,5; Mc 6,3). Era uma família de condição tão simples que não tinha sequer a possibilidade de oferecer, na apresentação de Jesus, mais do que um casal de pombos – esta era a oferta dos pobres daquele tempo.

Com base na história, o que conseguimos saber é que Maria de Nazaré viveu do mesmo modo que tantas outras mulheres de seu tempo. Elas vestiam uma túnica e sobre esta colocavam outra, como uma espécie de capa ampla – vestimenta obrigatória para aparecer diante dos outros. Esta capa servia também para abrigá-las do frio e, à noite, podia ser utilizada como cobertor.

A Mãe de Jesus não aparecia em público com os cabelos soltos, porque isso não era concebível naquela sociedade. Certamente ela colocava um véu colorido e bordado que lhe caía até a cintura, o qual era firmado na cabeça com círculos de pano ou corda. A roupa das mulheres mais ricas era mais longa, colorida e de tecidos finos. Maria vivia como uma simples aldeã de Nazaré e cumpria a tradição de seu povo.

São Lucas apresenta Maria como uma jovem da Galileia, provavelmente aos dezesseis anos, quando recebeu a notícia de que seria Mãe de Jesus. Ela pertencia à categoria dos humildes, daqueles homens e mulheres que esperavam confiantes a realização das promessas feitas por Deus. A Virgem esperava com os pobres, sem alarde nem pretensão. Aguardava em santidade e justiça (Lc 1,75), preparando-se para a vinda do Messias desejado como a consolação de Israel (Lc 2,25). Maria se "sobressai entre os humildes e pobres do Senhor, que confiantemente esperam e recebem d'Ele a salvação".[4]

Além desses poucos dados, não faltou quem tentasse descrever a Mãe de Jesus. Há uma descrição sobre Maria que remete ao século XIV e que chegou até nós pelo autor grego Nicéforo Calisto, que se baseou em uma fonte mais antiga, possivelmente tenha recorrido a textos de Epifânio, que viveu entre 320 e 404. Nicéforo assim descreve a Mãe de Cristo:

> *A Virgem não era de estatura alta, embora alguns digam que superava os limites da média (...). Cabelos castanhos, e olhos vivos, a pupila um pouco esverdeada. As sobrancelhas arqueadas e pretas; o nariz um pouco alongado; os lábios vermelhos e cheios de suavidade no falar. O rosto nem redondo nem comprido, mas levemente oval, as mãos e os dedos finos e longos...*[5]

Na verdade, não conhecemos qual era o rosto da Virgem Maria, conforme afirma Santo Agostinho.[6] Toda curiosidade sobre seu aspecto físico está intimamente ligada ao fato de essa mulher concreta ter se tornado a Mãe de Deus. Ela é histórica,

---

[4] Constituição dogmática *Lumen Gentium*, n. 55.
[5] *Patrologia Grega* 145,185.
[6] Cf. SANTO AGOSTINHO. *De Trinitate*, VIII, c.5, p. 269.

e não a personagem de um mito ou de uma lenda, para a qual possamos imaginar um rosto e um corpo conforme nossas fantasias. A idealização dessa mulher permite que cada pessoa, cultura, raça e lugar delineiem essa "Mãe" de muitas maneiras. Todos tendem a representá-la como a criatura mais bela que a terra já conheceu.

1.2 Beleza e modelo de pobreza

A beleza é uma cifra do mistério e um apelo ao transcendente. É um convite a saborear a vida e a sonhar com o futuro. Por isso, a beleza das coisas criadas não pode apagar a saudade do belo, da qual fala Santo Agostinho: "Tarde te amei beleza tão antiga e sempre nova, tarde te amei".[7] Para os Pais da Igreja, a beleza divina é uma categoria fundamental, bíblica e teológica.

O belo, o bom e o verdadeiro são aspirações humanas que se unificam para dar sentido à vida. Nessa perspectiva, Jesus de Nazaré, mediante gestos e palavras, constitui a mais perfeita expressão do que as pessoas esperam do ideal realizado. Da mesma forma, a santidade de Maria é a sua beleza. "Ela é a *Tota Pulchra* [toda bela], a toda formosa, porque nela resplandece o fulgor da glória de Deus."[8]

---

[7] "*Sero te amavi, pulchitudo tam antiqua et tam nova, sero te amavi!*". SANTO AGOSTINHO, *Confissões* 10,27.

[8] BENTO XVI. *Sacramentum Caritatis*, n. 96.

Dante Alighieri, em *A Divina Comédia*, contempla Maria no Paraíso e menciona a beleza da Mãe de Jesus.[9] O prefácio da missa da Imaculada louva o Pai por Maria: "Nela, nos destes as primícias da Igreja, esposa de Cristo, sem ruga e sem mancha, resplandecente de beleza". Sobre Maria, escreve São Gregório de Palamas: "Era preciso que aquela que pariu o mais belo entre os filhos de homem, tivesse, ela mesma, uma maravilhosa beleza".[10]

Há séculos a Igreja afirma a beleza de Maria e a invoca como a Virgem toda bela. Na Mãe de Jesus concentra-se o sentido da beleza que Deus resplandece em seus filhos e filhas. Ela era toda bela e totalmente amada. Maria "vive, com Jesus, completamente transfigurada, e todas as criaturas cantam a sua beleza".[11]

Maria é também modelo de pobreza. Não é pobre de forma episódica. Geralmente se identifica pobreza com carência, falta e limite. Em Maria, ser pobre é um estilo de vida. Ela encarna a bem-aventurança proclamada por seu Filho: "Felizes os pobres em espírito" (Mt 5,3). Pobres são pessoas que consideram o Senhor como Bem Supremo, diante do qual todos os outros bens são provisórios e menores. Os pobres, por outro lado, são instrumentos do Onipotente para comunicar ao mundo os desígnios

---

[9] Cf. *Paraíso* XXXI, 134-135.
[10] GREGÓRIO DE PALAMAS. *Homilia 53 in S. Oiknomos*, Atenas, 1861, 131-180.
[11] FRANCISCO. *Laudato Sì*, n. 241.

de misericórdia. Apesar da aparência frágil, os pobres são os privilegiados do alto, eleitos embaixadores do céu.

A verdadeira pobreza é, portanto, total confiança em Deus. O pobre em espírito considera-se como um pouco de terra na palma da mão de Deus e pede ao Espírito que sopre sobre ele, modelando-o à imagem de Jesus Cristo. A pobreza evangélica se expressa em quem não se considera o centro das atenções, mas aceita tudo perder por causa de Jesus. Em quem fica interiormente aberto aos outros e deles depende. Essa é a pobreza que liberta o ser humano no seu íntimo e o purifica com profundidade.[12]

A pobreza de Maria é participação na vida pobre e humilhada de seu povo, especialmente em Nazaré. Sua condição social expressa o empenho cotidiano de um povo, dominado pelo Império Romano, para sobreviver. Essa situação, contudo, se sustenta pela fidelidade às promessas do Deus de Israel que eleva os humildes. O *Magnificat* canta tanto a condição da vida do povo do qual Maria é filha quanto a esperança da intervenção do Deus de Abraão que sacia de bens os famintos. É uma pobreza vivida tanto como estilo de vida simples e livre quanto como profecia de um tempo novo, quando justiça e paz se abraçarão e toda terra verá tempo novo.

---

[12] Cf. MATOS, H. C. J. *A oração dos simples. Ser peregrino: condição existencial do cristão*, p. 28.

2

Maria na Palavra de Deus: Mariologia bíblica

Os Evangelhos foram escritos para anunciar Jesus Cristo, o Messias Salvador. No entanto, como bem nos recorda São João nas últimas palavras do seu Evangelho, "há, porém, muitas outras coisas que Jesus fez. Se fossem escritas uma por uma, creio que o mundo não poderia conter os livros que se escreveriam" (Jo 21,25). Centrados em Jesus Cristo e, especificamente, naquilo que deveríamos saber para a nossa salvação, os evangelistas não se dedicaram a fornecer outras informações. Por isso, também sobre Maria há poucas passagens bíblicas. Muito do que se diz e escreve da Mãe de Jesus é resultado da Tradição da Igreja, que também é fonte da Revelação.

Se quisermos, porém, nos aprofundar na reflexão bíblica sobre Maria, precisamos considerar que as informações mais antigas remontam aproximadamente ao ano 50 depois de Cristo, com a Carta que escreveu São Paulo aos Gálatas, onde ele menciona que, na plenitude dos tempos, Deus enviou seu filho "nascido de mulher" (Gl 4,4). Sem mencionar o nome da Mãe de Jesus, este é o primeiro testemunho indireto de sua importância na História da Salvação.

Em seguida, os evangelistas, ao descreverem a vida de Jesus, apresentarão alguns dados nos quais a Virgem Maria é mencionada, como no caso de Marcos, que escreveu por volta do ano 60 depois de Cristo. O mesmo fez a comunidade de Mateus, com seu texto escrito por volta dos anos 70 da nossa era. Já São Lucas, ao escrever o seu Evangelho, apresenta mais detalhes da infância de Cristo, onde Maria aparece com maior frequência do que nos outros textos. Há uma tradição que atribui ao médico São Lucas ter coletado dados sobre Jesus com a própria Virgem Maria. Ele também faz uma discreta menção a Maria no livro dos Atos dos Apóstolos. Já o evangelista São João, escreve entre 90 e 100 depois de Cristo e apresenta Maria em duas cenas bem importantes na vida de Jesus: nas bodas de Caná e na crucificação.

Há uma menção no livro do Apocalipse, escrito em torno dos anos 90 e 100 de nossa era, a uma mulher vestida de sol, com a lua a seus pés e uma coroa de doze estrelas em sua cabeça. Estudiosos da Bíblia entendem que originalmente esse texto se refere à Igreja, que deve gerar o Cristo ao mundo, mas é perseguida pelo dragão – o Império Romano. Igualmente, ao longo dos séculos, essa imagem também pode remeter a Maria enquanto figura e modelo da Igreja.

2.1 Anunciação

No Evangelho de Lucas, lê-se que o anjo Gabriel foi enviado a Nazaré, a uma virgem chamada Maria. O anjo não se dirige para Judeia, lugar da promessa, mas para Galileia, considerada região dos infiéis – a *Galileia dos gentios* (Mt 4,15). No Evangelho de João, alguém se questiona: "De Nazaré pode sair algo de bom? (Jo 1,46). O fato se realiza na periferia geográfica e existencial do povo de Israel, longe da capital e do Templo de Jerusalém, longe dos rigoristas que cumpriam preceitos, mas deixavam a vida perecer.

O anjo vai até a virgem que estava prometida em casamento a José. O nome da Virgem era Maria. A virgindade de Maria indica que quem nascerá dela é puro dom de Deus. Na concepção de Jesus, não há, na verdade, nenhuma ação humana. Somente Deus age. A principal e única participação da humanidade é o sim disponível de Maria. Ela profere esse *fiat* por obediência e fé. Obedecer é escutar, e crer é consentir. Maria escuta o convite e consente por sua fidelidade ao Deus único e verdadeiro que a visita. A submissão total de Maria ao convite do anjo não indica outra atitude que não seja a de quem abdica de agir exatamente para deixar lugar para que Deus atue totalmente.

Por meio de Gabriel, Deus chama e convida a jovem: "Alegra-te, cheia de graça, o Senhor está contigo!" (Lc 1,28). Percebendo o desconcerto que estas palavras causaram, o anjo acrescenta: "Não temas, Maria! Encontraste graça junto de Deus. Eis que conceberás em teu seio e darás à luz um filho, e o chamarás com o nome de Jesus. Ele será grande, será chamado Filho do Altíssimo, e o Senhor Deus lhe dará o trono de Davi, seu pai" (Lc 1,3-32). Na profundidade dessas palavras está o desígnio do Pai para estabelecer seu Reino por meio de Jesus. Trata-se da resposta de Deus à esperança messiânica do Reino.

Alegra-te, cheia de graça!

A saudação angélica convoca Maria a alegrar-se porque a salvação chegou. A alegria de Deus é completa, ele mesmo virá para alegrar suas criaturas (Sl 103,31). O vazio será preenchido, a ausência será presença e o silêncio será rompido pela criança que revelará a salvação da humanidade. Enfim, Maria deve alegrar-se porque chegará, por ela, a Boa-Nova, a alegria do Evangelho, a felicidade dos santos.

Nas palavras de Gabriel, Maria é a cheia de graça (*kecharitomene*). Aquela que foi e será agraciada com a aproximação de Deus Pai, aquela que muito lhe agrada. Nela o Pai se agrada. Enquanto Eva desagradou a Deus pela desobediência, Maria é agraciada. Não se trata de uma atitude moral, mas da condição existencial de Maria: ela é plena da graça de Deus. Todos os "des-graçados" poderão recuperar a graça pelo Filho daquela que é "cheia de graça". A expressão é reforçada no v. 30: "encontraste graça junto de Deus" (Lc 1,30).

Não tenhas medo!

No Novo Testamento, tanto Zacarias quanto Maria recebem uma visita que os admoesta a não temer: "Não temas, Zacarias, porque tua súplica foi ouvida" (Lc 1,13); "O anjo lhe disse: Não temas, Maria, pois encontraste graça diante de Deus" (Lc 1,30). Neutralizando a força do medo, manifesta-se a consolação divina que socorre a fraqueza humana. A missão da pessoa é confiar nesta assistência.

É possível identificar diversos textos da Palavra de Deus que recordam a atitude humana de surpresa, medo e tremor diante de uma manifestação sobrenatural que confere uma missão. Um dos mais conhecidos casos é o de Abraão, que recebe a tarefa de ser pai de uma grande nação: "Depois desses acontecimentos, a palavra de Iahweh foi dirigida a Abrão, numa visão: 'Não temas, Abrão! Eu sou o teu escudo, e tua recompensa será muito grande'" (Gn 15,1).

Diante da insegurança de Isaías, o Senhor consola: "Não temas, porque estou contigo, não te apavores, pois eu sou o teu Deus; eu te fortaleci, sim eu te ajudei; eu te sustentei com a minha destra justiceira" (Is 41,10). O mesmo acontece com Jeremias: "E tu, Jacó, não temas – oráculo de Iahweh – não te apavores, Israel. Pois eis que te salvarei de terras distantes, e teus descendentes da terra de seu cativeiro" (Jr 30,10).

São João Paulo II refere-se a Maria como a mulher forte na fé: "Não tenhais medo!", dizia Cristo aos apóstolos (cf. Lc 24,36) e às mulheres (Mt 28,10) depois da ressurreição. Nos textos evangélicos nada consta que esta recomendação teria sido dada a Nossa Senhora. "Forte pela sua fé, ela não teve medo".[1] O Papa também apresenta Maria como

> *uma mulher de esperança, que soube acolher como Abraão a vontade de Deus "esperando contra toda esperança" (Rm 4,18). Ela trouxe a plena expressão dos pobres de Javé, resplandecendo como modelo para todos que confiam de todo coração nas promessas de Deus.*[2]

Desta forma, Maria é considerada a Mãe da esperança que vence o medo: "A Mãe de Jesus (...) brilha sobre a Terra como um sinal seguro de esperança e de consolação para o povo de Deus em marcha, enquanto não chega o Dia do Senhor (cf. 2Pd 3,10)".[3]

Como é que vai ser isso?

O relato da Anunciação oferece alguns elementos que ajudam a acolher, pela fé, o dom de Deus que vem visitar seu povo. O anjo Gabriel anuncia a Maria sua maternidade e imediatamente ela indaga: "Como é que vai ser isso. Se eu não conheço

---

[1] JOÃO PAULO II. *Varcare la soglia della speranza*, p. 242.
[2] Id., *Tertio Millennio Adveniente*, n. 48.
[3] Constituição dogmática *Lumen Gentium*, n. 68.

homem algum?" (Lc 1,34). Sua objeção é própria de todo ser humano: é lógica! Esta é uma dificuldade típica de todo ser humano: como crer no milagre e no mistério?

Há quem pense nas perguntas como obstáculos à vida. Pensam que as questões propostas devam ser resolvidas o mais rápido possível. Muitas respostas apressadas nascem da ansiedade por soluções imediatas. Geralmente se descobre que muitas respostas irrefletidas, dadas a questões fundamentais, são apenas ilusões.

Na vida humana, os questionamentos são importantes e precisam ser tratados com seriedade. Uma criança faz perguntas para descobrir o mundo que se revela diante de seus olhos. O ser humano questiona porque deseja mergulhar nas águas profundas da vida e da existência humana na terra.

A própria Virgem Maria é a figura do crente que se dispõe a escutar os mistérios de Deus e faz perguntas diante do imperscrutável desígnio divino: "Como é que vai ser isso?". Não é uma manifestação de dúvida, mas uma atitude de quem se coloca diante do Senhor e pretende percorrer suas vias.

Maria deverá cumprir essa missão sem participação do homem. Não haverá um esposo humano nessa gravidez. No entanto, isso não significa que a relação entre Deus e Maria seja de esposo e esposa. No relato não há indícios de uma relação nupcial. Deus aparece com uma majestosa transcendência diante de Maria e, ao mesmo tempo, com uma proximidade gratuita.

Eis tua mãe

É o Deus tão distante e tão próximo que ela experimenta como seu Senhor. Ele não deixa de ser Deus, apesar de consultar uma criatura para que, na sua liberdade, aceite participar da maior história de amor que a humanidade já conheceu: a encarnação do Verbo de Deus.

O Espírito te cobrirá com sua sombra

Gabriel anuncia que o Espírito Santo descerá e cobrirá Maria com sua sombra. Aquele que dela nascerá será santo e será chamado Filho de Deus (cf. Lc 1,35). O Espírito será enviado para consagrar Maria e para habitá-la, como sacrário vivo. Eis que se realiza a profecia de Joel transcrita no Livro dos Atos dos Apóstolos: "nos últimos dias diz Deus: derramarei do meu Espírito sobre toda carne. (...) Sim, sobre meus servos e minhas servas derramarei do meu Espírito. E farei aparecer prodígios em cima, no céu, e sinais embaixo, sobre a terra" (At 2,17-19). Maria é a primeira serva de Deus sobre a qual o Espírito é infuso. Nela se realiza o grande prodígio: "a virgem conceberá e dará a luz ao Emanuel" (Is 7,14).

O Espírito Santo cobre Maria com sua sombra (Lc 1,35), da mesma forma como Deus se manifestou aos hebreus quando a nuvem cobria a tenda da Aliança e a glória do Senhor preenchia esta morada (Ex 40,34). Do mesmo modo como a nuvem pairou sobre a tenda da Arca, o Espírito cobre Maria com sua sombra, consagrando seu seio virginal com a presença daquele que outrora era reconhecido como o habitante do Santo dos Santos. Ele mesmo faz do seio de Maria uma *shekiná*, uma tenda para sua morada. Não mais um templo feito por mãos humanas, mas a carne da virgem filha de Sião torna-se o santuário mais excelso para o Filho da Santíssima Trindade participar da experiência humana em sua forma mais profunda: a encarnação.

Maria concebe o corpo de Jesus sem nenhuma outra influência humana. A singularidade dessa geração e desse nascimento manifesta que o filho não provém da terra, mas do céu, apenas de Deus. Através de Maria, Deus se encarna, se faz homem e assume a corporeidade. Ele que criou o ser humano *capax Dei* (apto para Deus), demonstrou ser, por sua vez, *capax hominis* (adaptável aos seres humanos).[4]

Maria é ungida pelo espírito para realizar a missão de uma maternidade impossível aos olhos humanos, e com ela tem início a nova criação através do poder do Espírito de Deus que nela age para produzir o grande milagre da encarnação do Filho santo do Pai. Esta consagração no Espírito Santo não é feita sem o consentimento de Maria, pois ela é vista como pessoa aos olhos de Deus, como sujeito livre e responsável diante do que lhe é proposto. Aqui é oportuno lembrar o que escreveu São Paulo: "onde está o espírito do Senhor, há liberdade" (2Cor 3,17). O Espírito do Senhor não é uma força anônima que anula

---

[4] Cf. LAURENTIN, René. *Maria, chiave del mistero Cristiano*, p. 19.

o sujeito em vista de um projeto divino, ele é uma força dinâmica que liberta para a liberdade e jamais anula a singularidade da pessoa. Ele não despersonaliza, ao contrário, ele enriquece a personalização, porque estabelece uma relação com o infinito, e assim a pessoa cresce no mais profundo de seu ser.

Há uma peculiaridade a ser destacada na relação entre Maria e o Espírito Santo. Quando o Espírito é derramado sobre os apóstolos em Pentecostes, Maria já recebera o mesmo Espírito Santo antes da Páscoa. Maria é a primeira criatura humana a participar da história do Espírito Santo,[5] pois na Anunciação ela acolhera o Divino Espírito para se tornar a Mãe do Messias. É por isso que ela vai ao encontro de Isabel e realiza o primeiro encontro entre Jesus e João Batista. Naquele momento, João estremece no ventre de Isabel expressando a grandeza do encontro.

Para Deus, nada é impossível

A resposta do anjo é decisiva: Para Deus, com efeito, *nada é impossível* (Lc 1,37). Ele pode superar toda ordem natural. Essa resposta não sacia a curiosidade humana, apenas pede um voto de confiança maior. É o que São Bernardo reflete:

> *Não me peças explicação [diz o anjo Gabriel a Maria], porque simplesmente não tenho condições de dá-las. Sei apenas que*

---

[5] SCHILLEBEECKX, E. *Maria: ieri, oggi, domani*, p. 49.

o Espírito Santo, não um espírito angélico, descerá sobre ti e o poder do Altíssimo te cobrirá, não eu. Também não ficarás entre os anjos, ó Virgem santa: a terra sedenta espera que por teu serviço lhe seja apresentado algo mais sublime para beber.[6]

Faça-se em mim segundo tua palavra

Maria responde: "Faça-se em mim segundo tua palavra" (Lc 1,37) Aqui se revela que Maria não era uma moça tímida e frágil, pois o seu "sim" a Deus é corajoso, fruto da liberdade de decisão de uma jovem mulher capaz de responder a um chamado tão especial. Sua submissão e sua docilidade ao Senhor têm um caráter ativo de quem livre e responsavelmente assume as consequências de dizer "sim" a Deus. Trata-se de uma adesão ao projeto divino em uma entrega sem restrições ou condicionamentos. É o abandono total no futuro do Deus que vem. A entrega absoluta supôs que Maria entrasse em comunhão com todo gênero humano, sedento por salvação, por sinais de vida em plenitude.

Ao dizer "sim" a Gabriel, Maria de Nazaré sabe o risco que corre, caso seu noivo não consinta em acolhê-la com seu filho. Poderia ser condenada ao apedrejamento. Ela, em sua liberdade de mulher e serva do Senhor, arrisca tudo em favor do projeto que Deus lhe apresenta. O "Faça-se" é a expressão do desejo de

---

[6] BERNARDO DE CLARAVAL. *Sermões para festas de Nossa Senhora*, p. 88.

Maria de que se cumprisse nela o que o anjo estava anunciando. Não é apenas consentimento, é forte intenção de colaborar para que se realize o que fora prometido.

O vínculo unitivo de Maria com Deus não tem um caráter apenas espiritual, ele faz parte de todo o ser e agir da Mãe de Jesus. Ela não fica confinada em uma dimensão meramente religiosa, mas integra todas as dimensões de sua vida para realizar a vontade do Pai. Ela realiza, de modo extraordinário e eficaz, os valores humanos e femininos de sua condição e exorta cada mulher e cada homem a entrar nesse caminho. Seu itinerário é aplicável a todo gênero humano: homem e mulher são vocacionados a viver a plenitude de seus dias, encontrando o sentido da vida no serviço livre e disponível ao Criador.

É através de seu "Faça-se" que Maria plenifica sua vocação de serva do Senhor e aceita, pela fé, uma situação incompreensível aos olhos humanos: uma virgem conceberá (Lc 1,34). Dessa forma, cumpre-se na Mãe do Messias um ato de fé que ultrapassa o âmbito pessoal: ela assume, de forma corporativa, toda a esperança de Israel e proclama seu "sim" incondicional àquele para quem tudo é possível. Ela representa o novo Israel, que gera Cristo através da fé e da obediência ao Pai. O velho Israel não conseguiu cumprir a plenitude da Aliança por causa da incredulidade e da desobediência. Com a aceitação da jovem filha de Sião, inicia-se uma nova e eterna Aliança na ordem da Redenção do gênero humano.

2.2 Visitação

Após a Anunciação do Anjo Gabriel, Maria vai às pressas à Judeia para se encontrar com Isabel. Essa atitude revela que a Mãe de Jesus vai para servir sua parenta anciã. Acolhendo a Palavra de Deus na carne, Maria torna-se missionária do Pai.

Vai apressadamente. Chegando à casa de sua parenta, Maria encontra a confirmação de tudo o que Gabriel lhe havia dito. Isabel, ao ver Maria, exclama: *Feliz aquela que acreditou, pois o que lhe foi dito da parte do Senhor será cumprido* (Lc 1,45). A jovem de Nazaré experimenta, então, que para Deus nada é impossível: se Isabel concebeu, apesar de sua esterilidade, Maria conceberá, apesar de sua virgindade.

No relato da visitação, Isabel proclama que Maria é a mãe do Senhor (Lc 1,43), indicando uma maternidade messiânica. Maria é a Mãe do Messias, daquele que recebe o predicado divino "Senhor". Ela é a mãe do *Kyrios*, a mãe de Jesus Cristo, o Senhor.

A visitação de Maria a Isabel é sinal antecipado da visita que Deus fará a seu povo. Maria, escutando a Palavra e acolhendo o mistério, vai ao encontro de Isabel que representa todo o povo de Israel que aguarda o Messias. Quando Maria chega, Isabel reconhece quem a está visitando: o Senhor. Da mesma forma, Israel deverá reconhecer quem está chegando.

No encontro Isabel e Maria se abraçam, o Antigo e o Novo Testamento, a promessa e o cumprimento. A visita ocorre por iniciativa de Maria, aquela que acreditou no cumprimento da palavra do Senhor.

2.3 *Magnificat*

Os estudiosos da Bíblia muito discutiram sobre a origem do *Magnificat*.[7] Sabe-se que não é um canto exclusivo de Maria pela visível semelhança, em algumas partes, com o cântico de Ana, a mãe de Samuel (1Sm 2,1-10). Entretanto, se Maria sabia de memória esse texto, ou se São Lucas atribuiu a ela essa passagem, não importa. O certo é que os versículos traduzem muito bem a espiritualidade de Maria, mulher israelita que esperava confiante a vinda do Messias Salvador.

No *Magnificat*, Lucas expressa a relação entre Maria e o Senhor que a interpela. No cântico de Maria, ele é o "Senhor" (Lc 1,46), ele é "Salvador" (Lc 1,47), "o onipotente, que nela fez grandes coisas" (Lc 1,49), o "Santo" (Lc 1,49), o misericordioso, de geração em geração (Lc 1,50), "aquele que olhou para a pequenez de sua serva" (Lc 1,48).

Revela-se, assim, o Deus que é transcendente e próximo, que se expressa, para os pobres e humilhados, como o Deus da

---

[7] *"Magnificat"* é a primeira palavra do cântico de Maria em latim e significa "engrandece", "glorifica".

graça, aquele que dirige seu rosto a eles para trazer a libertação, a alegria e o Reino. O Deus que Maria canta no *Magnificat* é aquele com o qual ela estabelece profundas dependência e obediência, como exprimem as palavras: Senhor – serva, Salvador – humildade.

A resposta de Maria ao convite de Gabriel torna-se mais explícita no *Magnificat*. Ao analisarmos a relação entre o texto da Anunciação e o do *Magnificat*, encontramos algumas conexões:

- Gabriel diz a Maria: "alegra-te" (1,28), e Maria responde: "o meu espírito se alegra em Deus" (1,47);
- o anjo diz: "encontraste graça diante de Deus" (1,30), e ela canta: "ele olhou para a pequenez de sua serva" (1,48);
- o mensageiro lhe indica: "lhe porás o nome de Jesus" (1,31), e Maria se alegra em Deus: "meu salvador" (1,47);
- é dito que o seu Filho "será grande" (1,32), e ela exclama: "a minha alma engrandece o Senhor" (1,46);
- o anjo anuncia que seu Filho reinará para sempre sobre a casa de Jacó e o seu Reino não terá fim (1,33), e Maria canta a grandeza do Reino, dizendo que os poderosos serão derrubados de seus tronos e os humildes serão exaltados (1,51-53).

Maria reconhece, assim, que está plena de graça (1,28), porque o Todo-poderoso fez nela grandes coisas (1,49). O anúncio do Reino eterno é compreendido por Maria como a realização da misericórdia em favor de Abraão e de sua descendência para sempre (1,55).

No *Magnificat*, a jovem filha de Sião proclama a misericórdia de Deus (cf. Lc 1,50) e se faz porta-voz do pequeno resto de Israel que aguarda a vinda do Consolador (cf. Lc 2,25). Ela celebra a fidelidade de Deus ao estabelecer uma Nova Aliança que se concretiza no Cristo esperado pelos tempos.

Nesses versos, Maria de Nazaré atinge a profundidade do coração de Deus. Unida a todo Israel, ela se sente envolvida pela misericórdia que está vinculada ao vocábulo consolação. É um cântico de louvor, como aquele de Ana, mãe de Samuel (1Sm 1), que vê a realização da promessa. Ana era estéril e recebeu um filho. Maria é a virgem que será mãe. O *Magnificat* canta a felicidade de quem reconheceu a ação de Deus em seu favor. É a alegria do coração de quem escutou seu Senhor. É um louvor pessoal, social e cósmico. Maria canta a salvação que virá para cada ser humano, para todas as nações e a criação inteira.

O *Magnificat* revela a espiritualidade da Mãe de Jesus. Ela glorifica o Senhor com todo o seu ser, porque Deus, o Salvador, colocou seu olhar consolador sobre a pobreza de sua serva e realizou nela grandes coisas. No *Magnificat*, ela canta o olhar terno de Deus para com seus pobres, lê a dimensão espiritual à luz da pobreza, com base na lei de que Deus dispersa os soberbos e exalta os humildes (Lc 1,51s).

2.4 José, esposo de Maria

No Evangelho de João, Jesus é conhecido como o filho de José. Em Mateus, José é chamado "o justo". A ele foi revelado o nascimento virginal de Jesus. José foi também o responsável por Jesus e Maria durante a fuga para o Egito. Ele aparece nas cenas do nascimento do Menino, na circuncisão, na apresentação no Templo e na perda de Jesus e em seu reencontro entre os doutores em Jerusalém.

José era um homem simples, do interior, da vila de Nazaré. Foi carpinteiro. No lar de Nazaré, ele ensinou Jesus a trabalhar. Maria estava prometida em casamento a José (Lc 1,27). Durante o noivado, eles não moravam juntos (Mt 1,18). Foi neste tempo que ela ficou grávida. Isto provocou perplexidade em Maria e sofrimento em José.

Diante da surpresa da gravidez de Maria, ele medita sobre como deve reagir. Deus intervém em suas reflexões. Envia-lhe, em sonho, um anjo, que explica o ocorrido e lhe pede que acolha Maria. José aceita a voz do sonho. Ele pensa e reflete sobre sua situação, mas escuta o sonho, que lhe mostra a realidade sob uma nova luz. Silencioso e determinado, esse homem ajudou o Filho de Deus e a Virgem Maria nas horas difíceis e alegres, na dor e na festa.

Com o seu trabalho e presença generosa, cuidou e defendeu Maria e Jesus e livrou-os da violência dos injustos, levando-os para o Egito. (...) Sua figura emana também uma grande ternura, própria de quem não é fraco, mas de quem é verdadeiramente forte, atento à realidade para amar e servir humildemente.[8]

2.5 Encarnação

A narração do nascimento de Jesus não retrata a criança da manjedoura como um herói. A literatura e a arte posteriores criaram muitos recursos para expressar tão grande acontecimento. O texto mais antigo sobre o Natal, contudo, é sóbrio ao dizer que a Virgem deu à luz um menino e o enfaixou. Não descreve a criança, não faz elogio nenhum. As ações concentram-se em José e Maria. A respeito do Menino, apenas diz que nasceu e recebeu os cuidados maternos de Maria.

A Mãe recebe em seus braços o Deus feito carne. No ver, ouvir, tocar e abraçar esse bebê, com Maria, a humanidade *toca* o infinito, *toca* Deus. Essa acessibilidade é semelhante àquilo que Jesus faz de seu corpo na Eucaristia: ele se deixa tocar porque ama intensamente o ser humano. O Altíssimo se fez pequeno; o Onipotente, necessitado; a Palavra, criança! É o mistério do Deus que não teme se revelar nem se humilhar para alcançar o humano. Afinal, Deus amou tanto o mundo que se deixou tocar em Jesus.

---

[8] FRANCISCO. *Laudato Si*, n. 242.

No relato do nascimento, lemos que Maria enfaixou a criança. Deus quis precisar do ser humano, entregou-se aos cuidados de uma Mãe como um menino frágil e indefeso, envolto em faixas de ternura. Deus, que é amor e acolhida, em Jesus, quer ser amado e acolhido. No entanto, não encontrou acolhida naquele lugar, somente entre os animais. Por isso, a Virgem-Mãe deitou-o em uma manjedoura. Na manjedoura está Jesus silencioso. Está quase imperceptível.

Ao redor dele, todos falam e se movem, discretamente, pois ele é o centro da cena. Da mesma forma, Jesus se coloca no centro dos acontecimentos da vida, em toda a movimentação das pessoas. Mesmo que elas não saibam, ele está presente. O Menino do presépio poderia parecer alguém secundário no fluxo dos grandes acontecimentos do mundo, entretanto é ele um ícone inconfundível: nele e por ele, tudo o que é considerado pequeno, pobre e excluído está, na verdade, no centro das atenções de Deus.

Ao lado do berço está a Virgem de Nazaré. No século quinto, o bispo Basílio de Seleucia escreveu um verso imaginando Maria fixando seu olhar naquele recém-nascido, enquanto ficava repleta de alegria e de temor, e quando poderia ter dito consigo mesma:

Como poderei chamar-te meu filho? Homem? Mas a tua concepção foi divina! Deus? Mas tu assumiste a carne humana! O que eu posso fazer por ti? Te alimentarei com leite? Ou te celebrarei como um Deus? Cuidarei de ti como uma mãe? Ou te adorarei como uma serva? Te beijarei como meu filho? Ou a ti suplicarei como meu Deus? Te oferecerei leite ou incenso?[9]

Maria é a Mãe que cria a vida, o campo fértil sobre o qual cresce o fruto do Espírito. É a Mãe protetora, cuidadora e amorosa. Seus cuidados dão calor ao Menino Jesus e o protegem da frieza deste mundo. Além de geradora, Maria é provedora: abriga, carrega e amamenta o Menino-Deus. Silenciosamente, reflete sobre os fatos da vida, sem compreender tudo. Ela pondera as palavras e medita sobre o que os acontecimentos em torno de seu filho poderiam significar. A relação de Maria com Jesus remete à plenitude da relação entre *criatura* e *Criador*. Estabelece, entretanto, uma nova forma de laços. A criatura deve cuidar do Deus-Criança, nos braços da Mãe de Nazaré.

Na ação cuidadosa da Mãe do Senhor, há uma nova colaboração da humanidade na história da salvação: o ser humano interage na realização do Reino. O Reino não depende do ser humano, mas pode e deve ter a colaboração da humanidade. Eis a missão! Deus concede às pessoas o dom de participar de seu projeto salvífico. O eterno sempre permanece autor e artífice da redenção, mas permite que suas criaturas atuem historicamente,

---

[9] BASÍLIO DE SELEUCIA. Omelia sulla Theotokos n. 5. In: *Patrologia Greca* 85, 448AB. LARENTIN, René. *Tutte le genti mi diranno beata. Due milleni di riflessioni cristiane*, p. 89.

cuidando para que todos tenham vida, nas pegadas de Jesus, o Divino Cuidador.

2.6 Maria meditava em seu coração

O Evangelho de São Lucas atesta que os pastores, avisados pelo anjo,

> foram então às pressas e encontraram Maria, José e o recém-nascido deitado na manjedoura. Vendo-o, contaram o que lhes fora dito a respeito do menino; e todos os que os ouviam ficavam maravilhados com as palavras dos pastores. Maria, contudo, conservava cuidadosamente todos esses acontecimentos e os meditava em seu coração (Lc 2,16-19).

Os pastores encontram a Sagrada Família de Nazaré. Maria, diante dos fatos, conserva o ocorrido e medita. Ela guarda consigo esses acontecimentos, que estão marcados pela presença do mistério, ao qual ela deu seu "faça-se". Não são os fatos que tornam tudo misterioso, mas é a presença do Deus-Menino que a faz calar e contemplar. Maria guarda as palavras e reflete sobre elas para poder reunir as partes que remetem ao todo, à totalidade do mistério da salvação que entra na história.

Lucas apresenta Maria como a ouvinte da Palavra de Deus, que acolhe e medita em seu coração os projetos do Pai (Lc 2,19).

Maria conserva palavras e acontecimentos, guardando-os consigo como um tesouro em seu coração. Maria vê, escuta e medita. Não compreende tudo, mas espera os tempos de Deus, que não são os tempos medidos pelos cálculos humanos. Sua percepção do que está acontecendo vem da escuta e da atenção aos "sinais de Deus". Sua compreensão é fragmentária, pois vê "como num espelho, de maneira confusa". Somente ao final será capaz de entender plenamente o que Deus realizou em sua pessoa (1Cor 13,12).

2.7 Uma espada a traspassará

Seguindo os costumes da época, quando chega o tempo determinado, Maria e José vão a Jerusalém para a purificação da mãe. Naquele tempo, toda mãe judia, após os 40 dias do nascimento de um menino, devia ir ao Templo de Jerusalém oferecer um sacrifício e apresentar o primogênito a Deus. Então, os pais levam Jesus a Jerusalém para apresentá-lo ao Senhor (Lc 2,22). Lá encontram o velho Simeão, um homem justo e santo que escuta a Palavra de Deus. Ele espera a consolação para Israel e o Espírito lhe prometera que ele não morreria sem ver o Messias chegar.

Quando Simeão recebe Jesus nos braços, sua voz proclama um hino de louvor ao Deus que visita seu povo. Sua longa expectativa é atendida. Ele vê a salvação que o Senhor prometera e, por isso, proclama que pode morrer em paz, pois seus olhos estão satisfeitos ao contemplar a maior alegria que seu povo poderia ver: o Salvador chegou para todos os povos! (cf.

Lc 2,29-32). Maria e José ficam admirados com a cena que presenciam e com tudo o que é dito a respeito do Menino.

Após abençoar Maria, Simeão declara que o menino será motivo de queda e elevação. Ele carrega a salvação, mas nem todos o aceitarão. Será escândalo e loucura para alguns, libertação e salvação para outros. Esta é a "Palavra" que, como espada de duplo fio, atravessará o coração de Maria. No *Magnificat*, Maria já havia proclamado: ele eleva os humildes e derruba os poderosos de seus tronos (cf. Lc 1,52-53). Essa realidade que ilumina a realidade com a verdade de Cristo afetará o coração da Mãe, que verá uma espada atravessar sua alma quando seus olhos contemplarem a crucificação de seu filho.

2.8 Cuidar das coisas do Pai

Jesus se insere na cultura de sua família e obedece à lei judaica, por isso vai a Jerusalém para celebrar a Páscoa. Ele já tinha estado no Templo doze anos antes para ser oferecido a Deus. Até a idade de treze anos, a criança judaica é menor de idade e totalmente submissa a seus pais. Depois se torna adulta, e é obrigada, como seus pais, a conhecer e cumprir a vontade de Deus e peregrinar a Jerusalém.

Concluídos os dias da Páscoa, Jesus não retorna com seus pais na caravana de regresso para casa. Maria e José precisam voltar para procurá-lo. Jesus não estava entre os parentes nem mesmo entre os conhecidos. Depois de três dias, ele é encontrado no

Templo, na glória de Deus, ensinando solenemente aos mestres da Lei. Ao vê-lo, Maria e José ficam surpresos e lhe relatam a dor da perda e a ânsia da procura. Jesus não os reprova pela procura. No entanto, os repreende por "não saberem" e não entenderem que ele devia se ocupar das coisas de seu Pai. Aqui, pela primeira vez, Jesus nomeia o "Pai", referindo-se a Deus de forma única. Ele "deve" se ocupar das coisas do Pai, porque é o Filho que escuta e responde aquilo que o Pai pede. As "coisas do Pai" representam sua vontade.

Jesus retorna para Nazaré com Maria e José, pois ainda não é o momento de revelar todas as "coisas do Pai". O Evangelho de São Lucas narra que Maria, Mãe de Jesus, conserva a lembrança de todos esses fatos em seu coração (cf. Lc 2,51). Maria, que ainda não entendera tudo o que ocorria em torno de seu menino, guarda aquelas palavras que ele proferiu no Templo, como uma semente que espera a hora de germinar e crescer. Depois de ter levado Jesus no ventre, agora devia carregá-lo no coração e na mente, conservando, meditando e procurando reunir as peças desse mosaico que se apresentava diante de seus olhos.

Nos dois primeiros capítulos do Evangelho de São Lucas, Maria é apresentada como modelo de fé. Não obstante Jesus seja seu filho, ela não compreende de imediato o grande mistério que entrou em sua vida. Entretanto, percebe que algo muito grande estava por acontecer. Ela guarda no coração as palavras e os acontecimentos, embora sua compreensão ainda lhe fugisse. Neste fazer memória da Palavra ouvida, Maria vai sendo iluminada pelo próprio Cristo, seu filho e Senhor.

2.9 Fazei tudo o que ele vos disser

Jesus e Maria foram a uma festa de casamento em Caná da Galileia (Jo 2,1-12). Os discípulos de Jesus também estavam ali. Na Palestina do tempo de Jesus, a festa de casamento podia durar até sete dias. De repente, a Mãe exclama: "Eles não têm mais vinho!". Ela comunica a Jesus esta constatação. Não lhe pede um milagre, mas sugere que ele tome uma providência. Não cabe a ela decidir pelo filho, pois a forma de ajudar depende somente dele. Naquele lugar, havia muita água, pois os judeus faziam ritos de purificação antes de tomarem as refeições. Há água, mas falta vinho.

Ao intervir, Maria diz: "eles não têm mais vinho" (Jo 2,3). Ela não diz: "Não temos mais vinho". Trata-se, portanto, de uma mulher preocupada com os outros. Sem vinho diminuiria a alegria, os convidados iriam embora mais cedo, a festa terminaria. As palavras de Maria mostram uma fina delicadeza, não uma imposição autoritária, que indicasse ser ela uma mãe possessiva que ordenava ao filho intervir. Contudo, se, de um lado, são palavras muito humildes, por outro, mostram uma pessoa inconformada com a situação e que confia no Messias.

Eis tua mãe

Jesus responde ao pedido de Maria com uma pergunta: "Que queres de mim, mulher? Minha hora ainda não chegou" (Jo 2,4). Nessas palavras, Jesus não rejeita a questão de sua mãe, no entanto mostra que a realidade é mais complexa do que parece. Não foi Jesus nem Maria que fizeram faltar vinho. O termo "mulher" usado por Jesus não é depreciativo, pois é adotado, no Evangelho de João, como indicativo da esposa de uma nova aliança. Maria está aqui participando da nova e eterna aliança entre Deus e a humanidade, na qual Jesus é o esposo e Maria, como Mãe da Igreja e representante de toda humanidade, é a esposa. A pergunta formulada por Jesus denota uma relação que se vai estreitar ainda mais.

Jesus diz: "A minha hora ainda não chegou". Que hora é esta? É a hora de sua glorificação. Essa hora será a do momento da cruz, quando se revelará o maior sinal, milagre e gesto de Jesus: morrer por amor da humanidade, para que não falte mais o vinho da alegria e da vida. No calvário, o mundo conhecerá um vinho novo: o sangue de Jesus que dá vida em abundância.

Maria ouve a pergunta de seu filho e não responde. Ela assume uma nova função que configura sua resposta para Jesus. Ela procura os servidores e diz: "Façam tudo o que ele disser". A água é transformada em vinho novo, o melhor de todos, o vinho novo da festa e da alegria. Que vinho é este? É o próprio Jesus. Quem faz tudo o que ele disser transforma a dor em amor, o desafio em oportunidade, a crise em possibilidade. Por tal vinho, o pecado é perdoado na graça. Quando esse vinho novo é servido aos convidados, ninguém sabe de onde vem. Somente os servidores sabem, como Maria, que o vinho vem de Jesus.

2.10 Sua mãe e seus irmãos

> *Havia uma multidão sentada em torno dele. Disseram-lhe: "Eis que tua mãe, teus irmãos e tuas irmãs estão lá fora e te procuram". Ele perguntou: "Quem é minha mãe e meus irmãos?" E repassando com o olhar os que estavam sentados ao seu redor, disse: "Eis a minha mãe e os meus irmãos! Quem fizer a vontade de Deus, esse é meu irmão, irmã e mãe" (Mc 3,31-35).*

Durante os anos da vida pública de Jesus, Maria vive em meio a uma grande família de Jesus que não entendia o novo caminho escolhido por ele. O relato evangélico apresenta Jesus e os apóstolos recém-eleitos numa casa em Cafarnaum. Ao redor deles havia uma multidão que os procuravam para ouvir a Palavra e pedir sinais e milagres, a tal ponto que eles não podiam e não tinham tempo nem para alimentar-se. Os familiares de Jesus, ao saber disso, foram ao encontro dele, para protegê-lo, porque pensavam que ele havia perdido o juízo.

Entre os parentes que tentavam detê-lo, estava sua mãe. Maria se preocupa com o filho, o que expressa uma atitude muito comum para uma mãe. A Virgem, contudo, aparece silenciosa, acompanhando os parentes na busca de Jesus.

Para entender as palavras de Jesus diante da busca de seus familiares, é preciso considerar outras passagens que revelam o sentido da nova família que Jesus veio inaugurar. Recorre-se, por exemplo, ao Evangelho de Lucas, quando uma mulher, no meio da multidão, exalta o ventre que trouxe Jesus e os seios que o amamentaram. Naquela ocasião, Jesus declara que mais feliz é quem escuta a Palavra de Deus e a põe em prática (Lc 11,28). É preciso superar uma leitura superficial e apressada que interprete nessa passagem o descaso de Jesus pela sua mãe. Na verdade, Jesus manifesta a verdadeira grandeza de Maria,[10] que reside no fato de ter acolhido a Palavra de Deus e tê-la colocado em prática no seu consentimento. Maria, portanto, é muito feliz, porque, antes de gerar e amamentar Jesus, escutou e acolheu a vontade de Deus. Ela é, nesse sentido, a primeira cristã, o primeiro membro, e o mais excelso, da nova família de Jesus.

Um dado bíblico talvez cause alguma estranheza: trata-se das passagens que mencionam os irmãos e irmãs de Jesus. No texto de Marcos, encontram-se estas perguntas: "Não é ele o carpinteiro, o filho de Maria, irmão de Tiago, José, Judas e Simão? E suas irmãs não estão aqui conosco?" (Mc 6,3) Tais parentes

---

[10] BENTO XVI. *Verbum Domini*, n. 124.

são igualmente mencionados em Marcos 3,31-35. Através destes textos, pode-se pensar que Maria teve outros filhos, o que contradiz a fé católica sobre a Mãe de Jesus.

Existem muitos comentários que visam a explicar o significado desses irmãos de Jesus. O texto de Marcos foi escrito em grego. Neste idioma, a palavra *adelphos* exprime tanto irmão quanto primo. No Novo Testamento, essa palavra aparece 343 vezes, sendo utilizada 268 vezes em sentido metafórico. São Jerônimo tornou célebre a interpretação de que "irmãos" se referia aos primos de Jesus. Outra versão apresenta os irmãos de Jesus como filhos de casamento anterior de José, porque este seria viúvo quando se casou com Maria. Porém, esta é apenas uma hipótese. O certo é que a fé cristã sempre proclamou, desde as suas origens, que Maria não teve outros filhos.

O relato do capítulo 3 de Marcos indica algo mais profundo. Para Jesus, mais importante do que o parentesco de sangue, interessa os que o seguem como discípulos e formam sua nova família. Por isso ele pergunta: "Quem é minha mãe e quem são meus irmãos?". E, olhando ao redor, isto é, para aqueles que estão sentados ao redor dele para escutá-lo, sentencia: "Eis minha nova família". E acrescenta: "Aquele que fizer a vontade de Deus, esse é meu irmão, irmã e mãe".

Nesse contexto, a Virgem Maria faz parte da família de sangue e também da família discipular de Jesus. Realmente ela é Mãe de Cristo, pois o sangue dele é o sangue de Maria.

Mas, antes de gerar Jesus na carne, ela ouviu o convite do anjo Gabriel e disse: "Faça-se em mim", cumprindo a vontade do Pai. Ela, portanto, é primeiro Mãe da nova família de Jesus, e "por isso" pôde dar à luz o Salvador. Maria é integradamente Mãe e discípula de seu filho. Ela tanto é Mãe de Cristo quanto Mãe daqueles que seguem Jesus, porque é a primeira e mais perfeita discípula de Jesus. A sentença de Jesus, portanto, que incialmente parecia desprezar sua família, reconduz o sentido verdadeiro de família de Deus, no qual Maria é a criatura mais excelsa.

2.11 Eis tua mãe

> *Perto da cruz de Jesus, permaneciam de pé sua mãe, a irmã de sua mãe, Maria, mulher de Cléofas, e Maria Madalena. Jesus, então, vendo sua mãe e, perto dela, o discípulo a quem amava, disse à sua mãe: "Mulher, eis teu filho!" Depois disse ao discípulo: "Eis tua mãe!" E a partir dessa hora, o discípulo a recebeu em sua casa (Jo 19,25-27).*

"Na cruz, quando Cristo suportava em sua carne o dramático encontro entre o pecado do mundo e a misericórdia divina, pôde ver a seus pés a presença consoladora da Mãe e do amigo."[11] Antes de morrer e declarar consumada a obra da salvação,

---
[11] FRANCISCO. *Evangelii Gaudium*, n. 285.

o olhar do Redentor se dirige a Maria e João. "Mulher, eis teu filho"; "Eis tua mãe" – essas são as últimas palavras que Jesus dirige a Maria, sua mãe, e a João, o discípulo amado. Maria com Madalena e as outras mulheres constituem o grupo das discípulas que amam Jesus. João representa os discípulos e as comunidades que são amadas por Jesus. O amor é o vínculo que une a Mãe e o discípulo, ambos amam e são amados por Jesus: o Amor. É o amor dado e recebido.

Entregue o discípulo à Mãe, ela tem a quem amar e o discípulo, quem o ame. Assim Jesus comunica a eles seu Espírito, amor amante e amado perfeitamente correspondido. No discípulo amado está toda a Igreja, comunidade de discípulos e discípulas que são amados e amam Maria, mãe e perfeita discípula do Cristo. Esta circularidade de amor que nasce da cruz se estende pelos tempos e atinge a todos os que seguem a Jesus.

Há mais um dado a ser aprofundado. Por que Jesus chama Maria de "mulher" e não de se dirige a ela como "mãe"? Porque Maria de Nazaré, no Evangelho de São João, é a mulher do noivo, a noiva: a esposa. Ela representa Israel que aguarda o Esposo. Em Jesus Cristo, o noivo veio. Maria, filha de Israel, tornou-se mãe e gerou não somente o Cristo, mas todo aquele que a ele se une e se torna o homem novo, o povo messiânico, a Igreja.

No Evangelho de São João, a Mãe de Jesus aparece somente em Caná e aos pés da cruz. Maria inaugura e conclui "a hora" do Filho. O evangelista, por duas vezes, a denomina "mãe", em outras duas, "sua mãe", em referência a Jesus. Este, quando a apresenta ao discípulo que a acolhe, diz: "tua mãe". Em um jogo de palavras, "sua" mãe designa Maria como Mãe de todo aquele que lê este texto do Evangelho. No "tua mãe", São João quer que o leitor entenda ser esta a Mãe do próprio leitor e que isto o leve a acolhê-la.

Na participação de Maria na paixão de Jesus, é preciso reconhecer sua presença junto a todos que sofrem neste mundo. A Virgem Maria, qual consoladora dos aflitos, aparece colocando-se ao lado dos que choram neste mundo. "Bem-aventurados os que choram, porque serão consolados." Esta atitude da Mãe de Jesus é um gesto profético. Ela toma posição diante da iniquidade do mundo: está solidária com todos os sofredores da história, em todos os tempos. Ela chora com os que choram e condena a causa e os causadores da dor, propondo a reparação do mal realizado.

Em sua compaixão, Maria é profetiza, porque participa de forma ativa da dor do outro. Os profetas atuam ao ver a injustiça e o sofrimento que vêm sobre a terra e sobre todas as criaturas por causa da negligência humana. Eles agem com a justiça e a compaixão.

A Virgem das Dores, Mãe do Crucificado, não cessa de amar, mesmo no silêncio e na ausência. O amor é mais forte do que a morte. Na noite escura da fé, quando tudo parece vazio, o Amor é fiel e companheiro da caminhada. Maria sofre, mas confia; aperta o coração, mas não desanima; não tem tudo claro, mas espera no Amor.

Um padre de Bizâncio, Romano, o Melodista, convertido do Judaísmo ao Cristianismo, no século VI, dedicou-se a escrever sobre a Virgem, especialmente contemplando, com os olhos da fé, Maria diante da paixão e morte de Jesus. O autor escreveu como se ela, junto com outras mulheres, seguisse os passos de Jesus, bradando em alta voz, enquanto ele carregava a cruz:

> *Filho, não esperava ver-te neste estado, e nunca teria acreditado que os ímpios chegassem a tanta ferocidade, que colocassem injustamente as mãos sobre ti. (...) Gostaria de saber por que a minha luz se apaga, por que pregam na cruz o meu filho e meu Deus.*[12]

O mesmo escritor supõe que Cristo teria respondido à sua Mãe: "Não faça parecer amargo o dia da paixão. (...) Nesta carne eu sofro, mas nela realizo a salvação. Não chore, portanto, mãe, mas grita ainda mais forte: voluntariamente suporta a paixão o meu filho e meu Deus".[13]

---

[12] ROMANO IL MELODE. Inno XL, Maria ai piedi della croce. In: LARENTIN, René. *Tutte le genti mi diranno beata. Due milleni di riflessioni cristiane*, p. 91.

[13] Ibid., p. 92.

2.12 A Mãe de Jesus estava com eles

Tendo entrado na cidade, subiram à sala superior, onde costumavam ficar. Eram Pedro e João, Tiago e André, Filipe e Tomé, Bartolomeu e Mateus, Tiago, filho de Alfeu, e Simão, o Zelota; e Judas, filho de Tiago. Todos estes, unânimes, perseveravam na oração com algumas mulheres, entre as quais Maria, mãe de Jesus, e com seus irmãos (At 1,14).

São Lucas, nessa passagem do Livro dos Atos dos Apóstolos, menciona o nome de cada um dos apóstolos e de algumas mulheres, mas somente o nome de Maria é citado. Maria aparece como parte integrante da Igreja e está ligada à sua missão, embora ela seja mencionada discretamente. Ela é colocada como um membro da comunidade-mãe de Jerusalém, ao lado dos onze apóstolos.

Esta é última menção explícita de Maria na Bíblia. Ela convivia com os discípulos de Jesus após a sua crucificação. Enfim, os Evangelhos mostram Maria como a sábia mulher que sabe bem medir seu tempo. Imersa na realidade temporal, a Virgem vive profundamente referida a Deus. O tempo de Deus é tempo da salvação, por isso Maria vive nesta dimensão temporal.

Maria na fé da Igreja: dogmática mariológica

A Mãe de Jesus não é conhecida apenas através dos escritos dos tempos apostólicos. Na vida da Igreja, Maria não é uma lembrança, mas uma presença. A história conhece fatos e relatos que mostram como a Mãe de Deus acompanhou o crescimento da comunidade dos seguidores de Jesus. Neste percurso, foi se delineando cada vez mais o significado singular de Maria para os discípulos do Filho de Deus. Conhecer os dogmas marianos é entrar em diálogo com a grande Tradição Cristã e contemplar a herança que a Igreja transmite a respeito da Mãe do Senhor.[1]

O dogma nasce na Igreja, que acolhe a Palavra de Deus, aprofunda seu significado e evolui na compreensão do dado revelado. Há uma evolução no dogma, porque a compreensão da revelação cresce no coração da Igreja à medida que ela avança no seguimento de Jesus. Compreender mais não significa saber mais, mas viver com maior intensidade a Palavra. Ao proclamar um dogma, a Igreja revela-se uma ouvinte atenta à Palavra de Deus na história. A finalidade de todo dogma é acolher, cada

---

[1] Cf. BRUSTOLIN, L. *Maria, Símbolo do cuidado de Deus*, p. 162.

vez melhor, a realidade fundamental da Revelação. Cada época da história procura aprofundar a fé, acolhendo o Deus que se revela em Jesus Cristo.[2]

Ao entrar na dogmática mariológica é preciso acentuar que a jovem de Nazaré assume papel singular na História da Salvação porque gera Cristo ao mundo, pois o Filho preexiste à Mãe. Aceitando o convite angélico para gerar o Cristo, Maria torna-se, simultaneamente, mãe e esposa. Ela contrai um matrimônio com a Trindade, um acordo recíproco e indissolúvel, concordando em participar maternalmente da nova Aliança que a Trindade estabelece com o mundo. A Igreja procurou, ao longo dos séculos, assimilar, sempre mais, esta relação da Virgem com a Trindade.

3.1 Maternidade divina

Toda concentração referente à pessoa de Maria repousa sobre o fato de sua maternidade divina. São Paulo relaciona a missão do Filho de Deus a seu nascimento gerado de uma mulher (Gl 4,4). Lucas a denomina "Mãe de Jesus" (At 1,14), a qual, mesmo sendo virgem, gerou o filho por obra do Espírito Santo (Lc 1,35). Isabel a aclama "Mãe do meu Senhor" (Lc 1, 43). No Evangelho de João, Maria nunca é indicada por seu nome (Miriam), mas sempre por sua missão: mãe. Este título está repetido

---

[2] Cf. ibid., p. 163.

cinco vezes em cada uma das duas cenas cristológico-mariológicas: em Caná (Jo 2,1.3.5) e no Calvário (Jo 19,25-27). Na cruz, Maria adquire uma nova maternidade, totalmente vinculada aos discípulos de Jesus e, por extensão, à humanidade.

A maternidade possibilita uma união íntima e absoluta de Maria com seu filho. A humanidade de Jesus é toda de Maria; de sua carne o Verbo formou o seu corpo. A fórmula dogmática "Mãe de Deus" baseia-se na saudação de Isabel dirigida à sua parenta: "Mãe do Senhor". A fé professada reconhece Maria como a genitora de Deus, garantindo que, em Jesus, não pode haver separação entre a natureza humana e a natureza divina. Ambas encontram-se unidas na única pessoa do Verbo de Deus feito carne. Neste sentido, o dogma mariano presta-se à confirmação do dogma cristológico.

O termo grego assumido para definir a maternidade divina foi *Theotókos* (Mãe de Deus), definido em 431, no Concílio de Éfeso. O dogma exclui toda falsa compreensão do título de genitora de Deus. O título não implica dependência ou submissão do divino ao humano. Maria não é a genitora da divindade, mas é a Mãe do Verbo que se fez carne. O documento conciliar assim se expressa:

> *Assim [os Santos Padres] não duvidaram chamar a Santa Virgem de Deípara [Mãe de Deus], não no sentido de que a natureza do Verbo ou sua divindade tenham tido origem da Santa Virgem, mas no sentido de que, por ter recebido dela o santo*

corpo dotado de alma racional ao qual também estava unido segundo a hipóstase, o Verbo se diz nascido segundo a carne.[3]

Maria é Mãe do Filho de Deus, que se chama Jesus. Em sua função materna, cercando Jesus de cuidados humanos, foi a educadora de Jesus. Ela educou seu filho através de sua vida pobre, de seu trabalho e de sua simplicidade, por seu amor de mãe e por sua proteção.

Até os cinco anos, o pequeno Jesus vive todo o tempo junto da mãe, que o leva aonde for: à fonte, ao campo, à sinagoga. Quando ainda bebê, a fim de ficar com as mãos livres para o trabalho, acontecia-lhe ter que carregá-lo numa rede, às costas, como fazem nossas índias ainda hoje.[4]

Dos cuidados da Mãe, o menino passa aos cuidados paternos de José. Depois de completar cinco anos, o menino israelita passa a aprender com seu pai a religião judaica e um ofício. José foi quem iniciou Jesus na grande tradição de Israel: falou-lhe da História Sagrada, dos mandamentos e das festas.[5]

Para essa instrução, o pai aproveita todas as ocasiões: em casa ou andando pela estrada, deitado ou em pé (Dt 6,7). Além da

---

[3] DENZINGER-HÜNERMANN. *Compêndio dos símbolos, definições e declarações de fé e moral*, n. 251.

[4] BOFF, Clodovis. *O cotidiano de Maria de Nazaré*, p. 37.

[5] Cf. BRUSTOLIN, L. *Maria, símbolo do cuidado de Deus*, p. 169.

Torah, as orações dos Salmos e dos oráculos proféticos, José transmite para o filho também algumas "tradições dos antigos" (Mc 7,15). Não todas, pois os galileus as tinham, em grande parte, por impraticáveis. Depois da religião, a obrigação de José era transmitir ao filho as artes do seu ofício, o de carpinteiro.[6]

Cercado pelos cuidados de José e de Maria, Jesus cresce em idade, estatura e graça (Lc 2,52). Há, entretanto, na iniciação de Jesus no Judaísmo, uma influência determinante da Mãe. Maria educa seu filho na fidelidade ao Deus da Aliança. Ensina-lhe a piedade da religião israelita e o encaminha pela via de Javé, o Deus do povo sofredor. Esta função de mãe e educadora não se fez sem conflitos. As alegrias e as dores marcaram a existência dessa mãe com seu filho: "A Sagrada Família, de fato, suportou a perseguição, o exílio, a pobreza e também a incompreensão".[7]

Educando seu filho, Maria entra em um movimento que a obriga a meditar sobre a relação com ele. Desde pequeno, Jesus introduz sua mãe na compreensão do mistério de sua total pertença ao Pai. Em sua vida pública, Jesus desenvolve um processo que produz em sua mãe a perfeição na fidelidade ao Evangelho do Reino. Sempre fiel a Javé, Maria torna-se também a mais perfeita discípula de seu filho, de modo a ser considerada a Mãe de todos os cristãos. Mãe e mestra, serva e discípula, Maria

---

[6] BOFF, Clodovis, op. cit., p. 37.
[7] AMATO, A. *Maria en la Trinità*, p. 65.

entra em uma relação dialética com seu filho e seu Senhor, seu aprendiz e seu Mestre. Neste sentido, entre Jesus e Maria realiza-se uma educação recíproca: Maria promove o crescimento humano integral de seu filho em todas as dimensões de socialização e inculturação; Jesus promove o crescimento de sua mãe no que concerne ao mistério da encarnação, paixão, morte e ressurreição. Assim, a Mãe do Filho de Deus encarnado torna-se a perfeita discípula que acolhe a Palavra de Deus e a põe em prática (Lc 8,21).

Maria é, portanto, duplamente Mãe, porque, antes de gerar Cristo na carne, concebeu-o na fé.[8] Nela, a maternidade transcende os limites biológicos e humanos. Ela não gerou Deus, enquanto Trindade Santa, mas, através de sua fé e obediência, possibilitou que o Filho de Deus se encarnasse em seu seio.

> *A verdadeira maternidade de Maria garantiu, ao Filho de Deus, uma verdadeira história humana, uma verdadeira carne na qual morrerá na cruz e ressuscitará dos mortos. Maria o acompanhará até a cruz (Jo 19,25), de onde a sua maternidade se estenderá a todo discípulo de seu Filho (Jo 19,26-27).*[9]

A relação de Maria com Jesus remete à plenitude da relação criatura e Criador. Estabelece, entretanto, uma nova forma de laços. A criatura deve cuidar do Deus-Criança, nos braços da

---

[8] SANTO AGOSTINHO. Sermo 233, 3, 4. In: *Patrologia Latina*, 38, 1114.
[9] FRANCISCO. *Lumen Fidei*, n. 59.

Mãe de Nazaré. Na ação cuidadosa da Mãe do Senhor, há uma nova colaboração da humanidade na História da Salvação: o ser humano pode cuidar e agir para que o Reino aconteça. Deus concede às pessoas o dom da participação em seu projeto salvífico. O Eterno sempre permanece autor e artífice da Redenção, mas permite que suas criaturas atuem historicamente, cuidando para que todos tenham vida, nas pegadas de Jesus, o Divino Cuidador.

3.2 Virgindade perpétua

Em sua liberdade, Deus Pai quis que o Filho nascesse de uma virgem. No Antigo Testamento, a virgindade tinha um significado pejorativo, porque indicava uma mulher que ainda não havia realizado sua plenitude feminina na maternidade. Deus, porém, escolhe este sinal contraditório para indicar a proximidade de seu Reino. Sinaliza, dessa maneira, que um novo mundo tem início e que, com Maria, que se torna a Virgem-Mãe, uma nova ordem entra na criação. A virgindade é também sinal de pobreza e total abandono de Maria nas mãos do Pai. A concepção virginal de Jesus em Maria revela que somente Deus possibilitou que a Virgem gerasse o Filho sem a participação masculina.

Mateus e Lucas são os dois evangelistas que afirmam a virgindade de Maria. De forma independente, ambos pretendem demonstrar que Jesus é filho de Davi, pela linhagem de José e, portanto, é o Messias. Jesus, porém, não nasceu de José, mas de Maria virgem. Este não foi um sinal a favorecer a pregação apostólica, antes, mostrou-se como uma contradição. "Para eles não foi somente uma surpresa, mas uma desilusão e também um escândalo, porque um acontecimento similar era inadmissível tanto para hebreus quanto para pagãos."[10]

O nascimento virginal de Jesus foi um fato tão extraordinário que desorientou até os evangelistas. É preciso superar as críticas que esse dogma tem recebido e sua redução a um mito, ou símbolo, ou *theologoumenon*, isto é, um relato fictício que ilustra uma ideia. Com toda a tradição cristã, é preciso afirmar que a virgindade perpétua de Maria é um acontecimento humano e real, apesar de ser um dado desconcertante. Trata-se de um desafio escandaloso da sabedoria de Deus, que confunde a sabedoria dos sábios.[11]

Para Mateus, Jesus é o Emanuel, o Deus conosco, que amplia a profecia de Isaías 7,14. Ele nasce da ação sobrenatural e misteriosa de Deus. Lucas apresenta Jesus como Filho do Altíssimo e, assim, indica sua preexistência. Os textos bíblicos acentuam o grau extraordinário do nascimento de Jesus através de uma Mãe virgem e de uma procedência divina.

A virgindade de Maria assinala sua pobreza evangélica; pobreza segundo a carne e segundo a sexualidade. O termo

---

[10] Cf. LAURENTIN, R. *Maria, chiave del mistero Cristiano*, p. 76.
[11] Ibid., p. 77.

pobreza é aqui assumido como abertura sem reservas a Deus. Ser pobre significa estar de mãos abertas para acolher o que vem de fora, deixar-se envolver pelo outro. Maria renunciou a conhecer homem e ter uma descendência. Deus deu a esta virgindade singular uma fecundidade universal: Maria colocou no mundo o próprio Deus. A virgindade é também um sinal da santidade de Maria, de seu vínculo excepcional e exclusivo com Deus. Ela é a serva fiel que somente a Deus pertence. Sua entrega foi total, seu corpo, sua mente, seu espírito entregaram-se de forma absoluta e eterna àquele que a preparou para ser Mãe de seu Filho unigênito.[12]

Como falar da virgindade perpétua de Maria em sua dimensão humana de mulher, esposa e mãe de família? Certamente é difícil para a maioria das pessoas entender esse mistério de Deus, que teve sua correspondência na vida livre e equilibrada de Maria de Nazaré. A virgindade em Maria transformou-se em dom, porém, exigia uma tarefa: preservar-se. Qual o sentido desses dois movimentos: Deus, que preserva Maria, e ela, que se preserva? Na lógica do cuidado, podemos encontrar luzes para contemplar este mistério.

Ainda hoje, muita gente sacrifica totalmente sua vida diante da necessidade de ajudar alguém. É certo casal do interior que deixa de conviver meses, porque o filho fica internado

---

[12] Cf. BRUSTOLIN, L. *Maria, símbolo do cuidado de Deus*, p. 172.

gravemente em um hospital da capital. É determinada filha que não se casa para cuidar dos pais idosos e doentes. Podemos citar muitos exemplos, todos interessantes, porém incomparáveis com a situação específica da família de Jesus. Trata-se de um grupo familiar singular: a Mãe, virgem, o pai, adotivo, e o Filho, Deus. Paira sobre aquele lar um mistério que não é colhido totalmente na opacidade dos dias que passam, de forma rotineira, antes de o Menino se revelar como o Messias.

Entre Maria e José estava o Filho, único no gênero. Ele, ao mesmo tempo, se interpunha e aproximava aquele casal. José não deixou de ser o esposo de Maria, e esta de ser sua esposa (Mt 1,16.19 e 1,20.24). Eles se amavam como nenhum outro casal. O amor de ambos, entretanto, foi totalmente direcionado ao filho que nasceu de um modo absolutamente fora do comum. Os cuidados especiais que Maria e José dedicaram ao Menino Jesus não atrofiaram a relação do casal. Ambos estavam mergulhados inteiramente no mistério que Jesus representava. Desde o anúncio do nascimento, passando pela forma como José assumiu a paternidade dessa criança e contemplando as situações inusitadas dos pastores, dos Magos, dos doutores no Templo, Maria e José precisaram saber conviver com a profecia de Simeão, por ocasião da apresentação do Menino: "Eis que este menino foi colocado para queda e para o soerguimento de muitos em Israel, e como um sinal de contradição" (Lc 2,34). O Filho que eles tinham, não obstante fosse totalmente humano, era divino, e isto determinava muitas situações na vida daquela família.

A virgindade de Maria reflete-se na necessidade humana de cuidar dos valores que dão sentido à vida. Sua preservação não é um ato fechado sobre si mesmo e isolado. Pelo contrário, é na fidelidade ao projeto de Javé, na entrega total, incluindo seu corpo, que Maria se torna livre para servir totalmente. Toda a sua afetividade e espiritualidade estão voltadas para o Deus que a cumula de toda esperança.

A virgindade perpétua de Maria é parte integrante da doutrina cristã. O Concílio de Latrão, em 649, abordou essa questão. Durante o Concílio, o Papa Martinho I declarou que a Igreja, de acordo com os Santos Padres, confessa como Mãe de Deus, a santa, sempre virgem e imaculada Maria, por haver, nos últimos tempos, concebido do Espírito Santo e, sem concurso viril, gerado incorruptivelmente o mesmo Verbo de Deus, especial e verdadeiramente, permanecendo sua virgindade indestruída, ainda depois do parto. Maria foi sempre Virgem, isto é, antes do parto, no parto e depois do parto. Esse é um dogma *de fide* e não de *fide definita*, isto é, de fé, pois nenhum concílio se pronunciou explicitamente sobre esta questão. Entretanto, pela fé da Igreja esta é uma doutrina fidedigna e obrigatória. Os diversos credos e concílios antigos retomaram e afirmaram essa verdade.

No dogma da virgindade de Maria, colhe-se o valor que ela dá à experiência com Deus. Ela permite que Deus entre em sua vida e tome conta de todo o seu ser. Entrega-se sem reservas, possibilita que o impossível se realize em seu ventre e acolhe todos estes privilégios na mais perfeita humildade. Maria alimenta uma espiritualidade holística, que não fragmenta seu ser. Sua virgindade não é desprezo à sexualidade humana nem ao matrimônio. Trata-se muito mais do "experimentar Deus na própria carne". Experiência mencionada por místicos, como Santa Teresa de Jesus, em Ávila. Seria reduzir o significado do dogma pensá-lo somente na perspectiva pessoal de Maria. Sua virgindade é fecunda de relações novas, em que o mistério a habilita a gerar o Filho de Deus e nele tornar-se a Mãe da Igreja.

A virgindade de Maria é um referencial de abertura ao Absoluto, que lhe pede que cuide dos valores que passam e marcam aqueles que são eternos. Ela cuida de si e indica o caminho do cultivo pessoal em vista do Reino. Torna-se livre para Deus e para a comunidade.[13]

3.3 Imaculada Conceição

Tanto a tradição cristã quanto a liturgia da Igreja ensinam que Maria foi concebida como qualquer ser humano, dentro da tradição familiar de seus pais. Entretanto, com seu nascimento inicia-se na história uma nova criação. Nela, o Criador desejou abrir um novo tempo para a história humana e para o mundo.

---

[13] Cf. ibid., p. 175.

Aprouve a Deus preservá-la do pecado desde sua origem. Ela foi concebida [conceição] sem o pecado original, sem mancha ["i–maculada"]. Este gesto foi fruto exclusivo do amor de Deus que a escolheu e a quis como filha dileta e singular entre as criaturas humanas.

Os Santos Padres, no Cristianismo antigo, refletiram sobre a condição singular de Maria na História da Salvação. Especialmente São Justino, em sua obra *Diálogo com Trifão*, apresenta Maria como a Nova Eva, traçando um paralelismo entre Eva e Maria. Eva consentiu à serpente, Maria acolheu a mensagem do anjo. Eva por sua desobediência teve como consequência a morte, Maria, por seu consentimento ao convite de Deus, torna-se geradora de Cristo, o libertador da morte. A Nova Eva será mãe do Novo Adão e, assim, dar-se-á início a uma nova humanidade, não mais marcada pelo pecado, mas pela graça.

Outro Santo Padre é Santo Irineu, bispo de Lyon, na atual França. Ele também compara Eva e Maria, Adão e Cristo. Santo Irineu de Lyon parte de Maria para descobrir vários aspectos da correlação com Eva. Ambas são virgens, são esposas, têm uma mensagem divina a seguir, seus atos têm relevância social e universal. Eva, desobediente e, com sua incredulidade, herda a morte para a humanidade. Maria, porém, escolhe a vida e, com sua fé, gera o vencedor da morte que dá a vida para todos. Para Santo Irineu, a presença de Maria na História da Salvação tem uma eficácia de dimensão universal com valor retroativo que atinge até a própria Eva.

Considerar a Imaculada Conceição de Maria é reconhecer que o Pai, em seu insondável mistério de amor, preparou uma criatura que fosse digna de receber em seu ventre o próprio Filho de Deus. "Maria foi preparada desde sempre, pelo amor do Pai, para ser a Arca da Aliança entre Deus e os homens".[14] Por isso, Maria é a antecipação de Cristo, que nascerá dela. Ela é como a aurora que precede o sol. Com ela se inicia um novo modelo do feminino. A partir dela, a mulher há de gerar não só na carne, mas também no espírito. Ela tem a vocação de pressentir, preceder e antecipar o porvir.

O fato de ser preservada da mancha original foi total iniciativa da graça de Deus, pois a solidariedade com toda humanidade destinava Maria ao pecado. Deus é quem a preserva. Ele faz isso por causa da obra salvífica que pretende plenificar. É por causa do Filho que ela vai gerar que tudo isso acontece. "Era necessário para a obra da salvação, pois Deus não podia nascer do pecado."[15] O dogma da Imaculada, portanto, tem total referência a Cristo prioritariamente. Da carne da Imaculada, e somente dela, se formará a carne do Verbo eterno.

Apesar de ser uma criatura única por sua preservação, Maria não é uma rainha fora do mundo, estranha à nossa realidade

---

[14] FRANCISCO. *Misericordiae Vultus*, n. 24.

[15] LAURENTIN, R., op. cit., p. 52.

marcada pelo pecado. É preciso reconhecer nela a profunda comunhão e a solidariedade com tudo o que cerca a vida humana. Seu amor transcende toda a desigualdade, ela é a mulher pobre que dá o melhor de si para todos. Foi preservada do pecado para ser a Mãe de Deus, isto é, para participar ativamente da regeneração de toda a obra criada no plano da salvação. Maria é concebida imaculada porque Deus quer iniciar nela um novo mundo, marcado por sua misericórdia.

A definição do dogma da Imaculada Conceição ocorreu em 8 de dezembro de 1854, pela Bula *Ineffabilis Deus*, do Papa Pio IX:

> *Declaramos, pronunciamos e definimos: a doutrina que sustenta que a beatíssima Virgem Maria, no primeiro instante de sua conceição, por singular graça e privilégio do Deus onipotente, em vista dos méritos de Jesus Cristo, Salvador do gênero humano, foi preservada imune de toda a mancha da culpa original, é revelada por Deus, e por isso deve ser crida firme e constantemente por todos os fiéis.*[16]

A definição refere-se à pessoa de Maria inserida nas relações com a Trindade. O Pai, por graça e privilégio singulares, preservou-a da mancha da culpa original em vista dos méritos do Filho Jesus. O texto do dogma descreve Maria totalmente

---

[16] DENZINGER-HÜNERMANN. *Compêndio dos símbolos, definições e declarações de fé e moral*, n. 2803.

relativa a seu Filho. A Imaculada Conceição retrata o triunfo absoluto da graça de Deus em vista da salvação da humanidade. Desde o início de sua vida, Maria foi cheia de graça perante o olhar de Deus. Ela foi preparada pelo amor divino para viver em um mundo envelhecido, mas sendo capaz de gerar o novo mundo, no qual Deus estabelece sua morada e vence o pecado. As dificuldades em aceitar este dogma se dissolvem diante do mistério da graça que domina a economia da salvação, isto é, Deus, em seu infinito desígnio salvífico, foi preparando a humanidade e toda a criação para acolher o dom do alto: Jesus Cristo. A esta graça, a história e o cosmos devem livremente responder, acolhendo como Maria, a primícia dos redimidos, a salvação de Deus.

O privilégio de Maria não torna a Mãe de Jesus distante de cada ser humano, especialmente dos pecadores. Este dom que ela recebe do Pai é condividido de forma solidária com toda humanidade. Imaculada, Maria preserva-se para tornar possível a ação de Deus, que pretende tirar as manchas do pecado do mundo. Não é um privilégio reduzido ao caráter pessoal. Sua concepção tem a marca do serviço e missão em favor dos que sofrem com a força do pecado.

A Imaculada não perde o dom da liberdade. O Criador a prepara para ser Mãe de seu Filho, mas a consulta, a fim de torná-la protagonista da obra da encarnação e não mero receptáculo do divino no humano. Mesmo vivendo sem o pecado original, a

Virgem é afetada pelo pecado presente no mundo, que causa tantas injustiças e violência. Ela não fica alheia à realidade pela qual todo ser humano passa neste mundo. Antes, ela é a mulher solidária a todo gênero humano em suas frustrações, angústias e expectativas.

Apesar de preservada do pecado original, Maria é livre e assume a responsabilidade de seus atos. A liberdade lhe é concedida para cultivar essa situação especial que recebe do Criador. Sendo livre, ela poderia ter optado em não ser fiel ao projeto do Pai. Sem alardes e na humildade de uma simples jovem de Nazaré do seu tempo, a filha de Ana e Joaquim assume a condição de serva de Javé. Sua decisão de vida sintoniza-se com o desejo de Deus. Permanece sempre livre, mas, com responsabilidade, sempre escolhe o que é agradável a Deus. Neste caminho, ela precisou cuidar dos sentimentos, dos sonhos, dos desejos, da vida. Tudo convergia para aquele que a criou, elegeu e preparou. Saber cuidar da vida, dominar as forças destrutivas que podem abalar a condição de cristãos é um dos ensinamentos que Miriam de Nazaré nos ensina em sua condição de Imaculada.[17]

3.4 Assunção

Assunção não é ascensão. Esta última é elevar-se com as próprias forças. É o caso de Jesus quando subiu ao céu. Assunção

---
[17] Cf. BRUSTOLIN, L., op. cit., p. 179.

é ser assumido. Maria foi assumida, levada, entronizada no céu. Céu é a dimensão invisível da criação na qual Deus quis habitar. É mais um estado de ser do que um lugar. O dogma da Assunção foi definido pelo Papa Pio XII, em 1950, através da Constituição *Munificentissimus Deus*. Depois de consultar os bispos do mundo; de constatar que, através dos séculos, a crença na assunção corporal de Maria cresceu; de perceber que esta festa é muito importante para os católicos ortodoxos; de encontrar indícios desta devoção nos primeiros tempos do Cristianismo, o Papa definiu o dogma e estendeu a crença para todo o mundo católico. O texto apresenta a seguinte formulação: "a Imaculada Mãe de Deus sempre Virgem Maria, concluído o seu curso na vida terrena, foi assunta na glória celeste em alma e corpo".[18]

Há quem pense que Maria foi elevada ao céu de corpo e alma, sem morrer. Esta tese é aceitável, mas não é a mais provável. A tradição mais antiga da Igreja afirma que Maria morreu, assim como seu Filho Jesus. Há até o sepulcro de Maria em Jerusalém. Ao declarar o dogma da Assunção, o Papa Pio XII evitou dar uma palavra final sobre esta questão e preferiu escrever: "proclamamos, declaramos e definimos ser dogma divinamente revelado que a imaculada Deípara [Mãe de Deus], sempre Virgem Maria, completado o curso da vida terrestre, foi

---

[18] DENZINGER-HÜNERMANN. *Compêndio dos símbolos, definições e declarações de fé e moral*, n. 3903.

assumida em corpo e alma na glória celeste". Como ela concluiu o seu tempo na terra é um dado histórico ao qual não temos acesso.

Alguém poderia perguntar: Onde estão os corpos glorificados de Maria e de Jesus? Aqui é preciso admitir que não é necessário um espaço ou lugar no qual estejam esses corpos. Se recorrermos aos conceitos filosóficos, vamos entender que um corpo não é definido entre paredes, ou por um lugar dimensional, ou por sua materialidade. A totalidade de Jesus e de Maria – corpo e alma – está, portanto, na glória celeste, na dimensão de Deus, na qual tempo, espaço e estado de ser se unificam de forma diferente dos conceitos que conhecemos.

A assunta é Maria, na totalidade de sua pessoa: corpo e alma.

> *Em Maria resplandece a realização do projeto divino a respeito da criatura humana: a dignidade do homem aparece em plena luz nessa suprema destinação, já efetuada na virgem mãe, de participar, na integralidade da pessoa, isto é, com alma e corpo, da glória celeste.*[19]

Maria realiza a obra do Redentor como primeira criatura glorificada, inclusive na ordem da corporalidade. A assunção de Maria aparece como a realização final e plena de toda existência marcada por uma relação única e especial com Cristo.

---

[19] FORTE, B. *Maria, mulher ícone do mistério*, p. 128.

Da mesma forma como ela está unida à encarnação do Verbo, participa de modo singular da parusia.[20]

Sobre a relação de Maria com o destino final de toda humanidade, a *Redemptoris Mater* declara:

> Maria está unida num estreito e indissolúvel vínculo a Cristo, porque se a mãe-virgem estava a ele singularmente unida a sua primeira vinda, pela sua continuada cooperação com ele, o será também na espera da segunda, redimida no modo mais sublime em vista dos méritos do seu Filho, ela também tem função de mãe, de mediadora de clemência na vinda definitiva, quando todos aqueles que são de Cristo, serão vivificados e o último inimigo a ser eliminado será a morte.[21]

Com a assunção da Virgem de Nazaré, o efeito da ressurreição de Jesus estende-se, para além de sua pessoa, a uma criatura humana corporalmente glorificada com ele. Na ressurreição de Cristo foi antecipada, em sua pessoa, a futura ressurreição dos mortos. Na assunção de Maria, corporalmente ressuscitada com Cristo, antecipa-se a ressurreição dos mortos, como acontecimento comunitário. Na Mãe de Jesus, a morte não conseguiu destruir a relação entre a criatura e o Criador. Aquela que

---

[20] Parusia: vinda de Cristo no final dos tempos para a ressurreição dos mortos, o juízo final e a inauguração do novo céu e da nova terra. Cf. BRUSTOLIN, L. *Quando Cristo vem*.

[21] JOÃO PAULO II. *Redemptoris Mater*, n. 730.

viveu, amou, sofreu e esperou no Deus de Israel foi ressuscitada integralmente. Nela coincidem a glorificação e a consumação corporal que, segundo a fé da Igreja, para todos os outros que morrem só terá lugar no advento de Cristo, quando ele ressuscitar os mortos.

A Virgem viveu totalmente na fidelidade a Deus, ela foi o que nós não somos e já é o que nós seremos. Ela aparece na assunção como imagem da Igreja, em sua identidade de esposa de Cristo. Em Maria assunta, resplende a Igreja gloriosa, que encontra na Mãe de Jesus o exemplo mais perfeito de esposa: "sem ruga e sem mancha, resplandecente de beleza".[22]

O que aconteceu com a Virgem de Nazaré possui um significado efetivo, não apenas ideal, para toda humanidade. A assunta aparece como realização antecipada daquele estado de perfeição ao qual a Igreja aspira: "A mãe de Jesus, já glorificada no céu em corpo e alma, é imagem e primícias da Igreja, que há de atingir a sua perfeição no século futuro, assim também já agora na terra, enquanto não chega o dia do Senhor (cf. 2Pd 3,10)".[23] A parusia realizará plenamente, na comunidade ressuscitada, o protótipo já realizado na assunta como esposa escatológica do Cordeiro.

O destino final da vida da Mãe de Jesus é um ícone, um arquétipo e uma antecipação do que acontecerá para toda

---

[22] MISSAL ROMANO. *Prefácio da Missa da Imaculada*, p. 716.

[23] Constituição dogmática *Lumen Gentium*, n. 68.

humanidade no futuro da criação. Maria aparece "já" como a "tenda" do Verbo de Deus, como canta a liturgia bizantina.[24] Nesta mesma tradição, encontra-se o texto da segunda homilia de João Damasceno (†749) na Festa da Dormição:

> *Hoje a arca viva de Deus, que carregou o Salvador em seu seio, repousa no templo de Deus, que não foi construído por mão de homem. Davi, o seu antepassado, exulta; os anjos dançam em coro; os arcanjos celebram... os querubins entoam um cântico de louvor e os serafins cantam o seu hino.*[25]

Relacionada a Cristo, à Igreja e à humanidade, Maria também tem um significado cósmico. Sua assunção ao céu é expressão de bênção às criaturas da terra. Ela representa e reúne em si o que há de melhor na criação. Acolhendo na própria natureza a exigência da Palavra de Deus, a menina de Nazaré experimenta a força criadora na criatura. A ela, somente a ela, se pode aclamar: "Ave, tu que geraste quem te criou!". Ela, apenas filha da terra, é chamada a colaborar com o Criador da forma mais estreita possível com vistas à encarnação do Filho. A filha da comunidade humana aceita com disponibilidade abrir as portas para que a nova criação de Deus entre no mundo através

---

[24] O hino de louvor a Mãe de Deus da liturgia bizantina, *Akathistos*, na sessão 23, apresenta Maria como o tabernáculo de Deus, onde ele fez sua morada: "Ave, ó tenda do Verbo de Deus".

[25] Cf. LAURENTIN, R. *Compendio di Mariologia*, p. 34.

do fruto de seu ventre: Jesus. Elevada ao céu, Maria é Mãe e Rainha de toda a criação. "No seu corpo glorioso, juntamente com Cristo ressuscitado, parte da criação alcançou a plenitude da beleza."[26]

A assunção de Maria emite nova luz sobre o morrer. O sentido da vida depende do sentido que a pessoa dá à morte. Viver não é caminhar para um fim definitivo, mas um peregrinar de quem está buscando a fonte da vida eterna. A vida é o tempo de fazer essa travessia rumo à pátria trinitária. O dogma da Assunção revela que é preciso cuidar da vida e cuidar da morte, estabelecendo uma profunda conexão entre ambas. É assumido na glória de Deus, na totalidade do seu ser, aquele que em vida cuidou de experimentar essa vocação ao Eterno na temporalidade. Cada gesto, cada palavra vai construindo uma ponte que une céu e terra ou que vai destruindo os caminhos da unidade. Tudo depende da atitude humana de viver aqui na terra da forma como será a vida eterna. Quem vive cuidando da vida, ao morrer, encontra-se na fonte de todo cuidado: o Divino Amor.

---

[26] FRANCISCO. *Laudato Sì*, n. 241.

Títulos marianos

4.1 *Mater Misericordiae*: Mãe da Misericórdia

Desde o primeiro milênio do Cristianismo, Maria é intitulada "Mãe da Misericórdia". No fim do terceiro século, ela já era assim invocada: "Sob a tua misericórdia, nos refugiamos". No século X, a oração Salve-Rainha difunde o título de "Mãe da Misericórdia". Esta súplica, de origem medieval, foi composta pelo bispo Ademar de Puy, no fim do século XI.

Conforme o Antigo Testamento, a consolação tem sua raiz no próprio Deus, que a derrama sobre todas as suas criaturas com o desejo ardente de reunir seus filhos dispersos: "Como a mãe consola o seu filho, assim eu vou consolar vocês" (Is 66,13). O Deus consolador vincula potência e ternura. Ele mesmo se inclina para enxugar as lágrimas de Jerusalém (Is 25,8). No consolar, enxugar lágrimas e produzir alegria e paz, o Deus bíblico revela sua maternidade. Deus é mãe em seu amor misericordioso. Ele enxerga o sofrimento causado pelo pecado.

Maria é a mulher que fez a experiência única da consolação de Deus para estabelecer a Nova Aliança: "Maria é quem de maneira singular e excepcional experimentou, como ninguém, a misericórdia e, também de maneira excepcional, tornou possível com o sacrifício de seu coração a própria participação na revelação da misericórdia divina".[1]

Em Maria resplandece o amor misericordioso de Deus. É a misericórdia do Deus transcendente e eterno, mas totalmente comovido pelas misérias humanas.

> *Ao pé da cruz, Maria, juntamente com João, o discípulo do amor, é testemunha das palavras de perdão que saem dos lábios de Jesus. O perdão supremo oferecido a quem o crucificou, mostra-nos até onde pode chegar a misericórdia de Deus. Maria atesta que a misericórdia do Filho de Deus não conhece limites e alcança a todos, sem excluir ninguém.*[2]

Maria participa da ação misericordiosa de Deus de forma plena. Ela é proclamada a Mãe da Misericórdia porque experimentou, de forma singular, o amor de Deus pela humanidade. O fruto deste amor tornou-a Mãe do Messias: o Consolador. Ela continua envolvida na ação misericordiosa de Deus através da Igreja e sua missão na história: "Sustentada pela intercessão de Maria, a Igreja escreve no tempo e no espaço a história da misericórdia divina nos confrontos com a miséria

---

[1] JOÃO PAULO II. *Dives in Misericordia*, n. 9.
[2] FRANCISCO. *Misericordiae Vultus*, n. 24.

humana, tornando-se uma Igreja samaritana, que vive e pratica a misericórdia".[3]

Inspirada em Maria, a Igreja deve construir a civilização da misericórdia. Apesar das tragédias imensas que a história apresenta, a experiência humana na terra não será um fracasso. A história não é o cemitério da civilização nem o cenário apocalíptico da morte. Através da mediação materna de Maria e da Igreja, ela se torna o lugar do encontro com a misericórdia divina: "Maternidade espiritual de Maria transcende o espaço e o tempo, e pertence à história universal da Igreja, porque ela sempre esteve presente com sua materna assistência".[4]

Máximo, o confessor, escreveu sobre a Mãe de Jesus:

> *A sua misericórdia não era somente para os parentes e os conhecidos, mas também para os estranhos e inimigos, porque era verdadeiramente a Mãe da Misericórdia, a Mãe do Misericordioso, (...) a Mãe daquele que por nós se encarnou e foi crucificado, para infundir sobre nós, inimigos e rebeldes, a sua misericórdia.*[5]

---

[3] AMATO, A. *Maria e la Trinità*, p. 185.

[4] PAULO VI. Exortação apostólica *Signum Magnum*, n. 6.

[5] NOLA, G. Di; TONIOLO, E. M.; GHARIB, G. *Testi mariani del primo millennio*, v. 2, p. 480.

4.2 Salus Infirmorum: Saúde dos Enfermos

Na Palestina do tempo de Jesus, o doente era considerado impuro. Ele vivia abandonado, muitas vezes refugiava-se em locais ermos, como o caso do possesso que habitava o cemitério. A sociedade e a religião da época excluíam os doentes de seu convívio, por motivos teológicos. Pensavam que o doente fosse um castigado, amaldiçoado e esquecido por Deus. Chegavam a dizer que seu mal era fruto do pecado pessoal ou familiar. O pecado era tido como causa das doenças, consideradas frutos da ira de Deus. Quem fosse atestado como doente ficava excluído da vida religiosa. Bastava uma pequena mancha na pele para alguém ser declarado leproso e ficar privado de ir à sinagoga e de frequentar o Templo de Jerusalém. Aos doentes não era dada oportunidade de trabalho, nem assistência, nem apoio social. Eram considerados escória e vergonha da sociedade. Viviam como se já estivessem mortos.

Quando Jesus age em favor dos leprosos, por exemplo, há uma revolução teológica e social em jogo. Quem pode curar, a não ser Deus? Mas se Deus é considerado o autor do castigo do leproso, como este pode ser curado? Cada milagre que Jesus realiza, mais do que gerar comoção geral pela ação do Espírito que renova a vida do mundo, causa muita polêmica, porque confirma as palavras do Nazareno e estabelece novos conceitos teológicos e sociais. Desta forma, o filho do carpinteiro de Nazaré age messianicamente e assume sua missão de ser "Jesus".

Os milagres de Jesus expressam este cuidado de Deus para com os sofredores, especialmente os doentes. Com eles, Jesus, mais que mostrar seu domínio sobre as forças da natureza, deseja manifestar que o Reino de Deus toma corpo na pessoa do doente. Não apenas cura o doente em todas e em cada uma de suas dimensões (física, emocional, social, intelectual, religiosa), mas quer curar a própria sociedade.

A Virgem de Nazaré segue as pegadas de seu Filho e Senhor, intercedendo junto à Trindade para que todos tenham vida.

> *O Vaticano II, ao encerrar seus trabalhos com a solene proclamação feita por Paulo VI, de Maria como "Mãe da Igreja", enfatizou a função e a missão sanativa de Maria, abrindo caminho para uma penetração ulterior do mistério mariano que encontra justamente no aprofundamento da verdade teológica e histórica da "salus infirmorum" nova pista extraordinariamente fecunda de indicações pastorais.*[6]

A comunidade dos seguidores de Jesus encontra, assim, em Maria de Nazaré, o estímulo para sentir e viver a presença dos enfermos como um elemento determinante do testemunho cristão. A própria *"salus infirmorum"* (saúde dos enfermos) nos

---

[6] ANGELINI, F. Maria. Salus infirmorum. In: DE FIORES, S.; MEO, S. *Dicionário de Mariologia*, p. 443.

ajuda a cuidar dos doentes, seguindo seu exemplo que ensina: generosidade de espírito, dedicação silenciosa, compreensão das dores alheias, confiança e esperança, pois a vida em Deus sempre é força maior.

A "Saúde dos Enfermos" é também aclamada "Mãe da Vida":

> Quer o Pai das Misericórdias que a aceitação da Mãe predestinada precedesse a Encarnação, porque assim como uma mulher contribuiu para dar a morte, outra mulher contribuísse para dar a vida. O que vale de modo extraordinário para a Mãe de Jesus, a qual deu ao mundo a vida que tudo renova.[7]

Por isso, Maria tem um vínculo estreito com o Evangelho da vida e torna-se modelo incomparável de acolhida e cuidado pela vida.[8]

4.3 Medianeira de todas as graças

A veneração e a fé na mediação de Maria sobre todas as graças que a humanidade recebe, deriva do próprio Evangelho. Fundamenta-se na participação de Maria como cooperadora da Santíssima Trindade desde a Encarnação do Verbo até se completar a obra da Redenção. No centro de todo desígnio de salvação de Deus está Jesus Cristo, o Verbo feito carne que

---

[7] Constituição dogmática *Lumen Gentium*, n. 56.
[8] JOÃO PAULO II. *Evangelium Vitae*, n. 102.

recebeu de Maria, desde a concepção até a morte, total e efetiva colaboração.

Maria, por exemplo, levou Jesus até Isabel e aproximou Jesus e João Batista antes de ambos terem nascido. Outro exemplo é sua participação nas Bodas de Caná, quando ela constata uma necessidade, remete a Jesus a situação e exorta os servos da festa para fazerem tudo o que Jesus dissesse. Sua mediação impeliu Jesus a mostrar os sinais da salvação, prefigurando a hora final da cruz. Aos pés do Crucificado, ela recebe a universalização de sua maternidade sobre toda a humanidade. Ao longo da tradição cristã, inúmeras vezes os seguidores de Jesus pediram a colaboração da Virgem Mãe de Deus. Especialmente o hino Stela Maris sintetiza essa súplica de mediação: "Leva a Jesus nossa prece, ele que de ti nasceu. Mostra que és nossa Mãe, a Mãe que ele nos deu".

A festa de Nossa Senhora Medianeira de Todas as Graças foi instituída pelo Papa Bento XV em 1921. A fé na mediação da Mãe já estava bem expandida entre todos os povos cristãos e a devoção sob esse título se difundiu rapidamente. O título de Medianeira jamais coloca Maria em um nível de igualdade com Jesus Cristo, o único mediador entre o céu e a terra. A missão de Maria em nada obscurece nem diminui a mediação única de Cristo. Maria coopera na obra do seu Filho e Redentor para, como em Caná, estimular os servidores do Cristo a ouvir e praticar sua Palavra e para levar a Deus as nossas súplicas e necessidades.

4.4 Maria: Mãe da Igreja

O Concílio Vaticano II proclamou solenemente o título de "Maria, Mãe da Igreja". No fim da terceira sessão do Concílio, o Papa Paulo VI afirmou:

> *Para a glória da Virgem e para a nossa consolação, proclamamos Maria Santíssima Mãe da Igreja, isto é, de todo o povo de Deus, tanto dos fiéis quanto dos pecadores, e queremos, com esse suavíssimo título, que a Virgem seja, de agora em diante, ainda mais honrada e invocada pelo povo cristão.*[9]

Maria não é apenas a Mãe de Jesus, cabeça do Corpo que é a Igreja. Ela é Mãe de todos os membros do corpo. Nela vemos qual será nosso futuro de salvação. Ela nos precedeu no caminho pascal, já atingiu a meta na glória da Trindade.

A Constituição dogmática *Lumen Gentium*, sobre a Igreja, do Concílio Vaticano II, evidenciou a presença da Mãe de Jesus junto à comunidade dos discípulos: "A Virgem, em sua vida, foi, com efeito, o modelo daquele amor materno do qual devem estar animados todos aqueles que, na missão apostólica da Igreja, cooperam para a regeneração dos homens".[10] Essa participação de Maria na obra do Filho iniciou-se desde os cuidados terrenos de sua maternidade:

---

[9] PAULO VI. Alocução de 21.11.1964. In: *AAS 56*, 1964, 1015s.
[10] Constituição dogmática *Lumen Gentium*, n. 65.

Ao conceber Cristo, gerá-lo, nutri-lo, apresentá-lo ao Pai no Templo, sofrer com ele, agonizante na cruz, ela cooperou de modo todo especial na obra do Salvador, mediante a obediência, a fé, a esperança e a ardente caridade, para restaurar a vida sobrenatural nas almas. Por isso, ela foi mãe na ordem da graça.[11]

Maria pode ser considerada o ícone da Igreja. Ambas têm a vocação da maternidade, como bem lembra Santo Agostinho: "Essa santa Mãe digna de veneração, a Igreja, é igual a Maria: ela dá à luz e é virgem".[12] Elas, a Igreja e Maria, são as genitoras da vida divina no mundo. A Igreja deve fazer nascer Cristo no coração da humanidade, essa missão ela o faz imitando Maria, especialmente no anúncio do Evangelho, na celebração do Batismo e dos outros sacramentos e no exercício da caridade. Os cuidados maternos da Igreja encontram, em Maria, sua forma mais perfeita. A *Lumen Gentium*, afirmando a maternidade de Maria em relação à Igreja, não excluiu a Mãe de Jesus da comunidade dos redimidos. Maria pertence, de forma singular, ao povo de Deus e, por causa da sua participação na História da Salvação, gerou e continua gerando, na Igreja, o Cristo Jesus.

O título de Mãe da Igreja não se equivale ao princípio generativo da Igreja, que só pode ser Deus Pai: única fonte de

---

[11] Ibid., n. 61.
[12] SANTO AGOSTINHO. Sermo 25, 8. In: Patrologia Latina 46, 938.

todo dom que atua na história através das missões do Filho e do Espírito. A participação de Maria como Mãe da Igreja não exclui o fato de ser ela membro desta mesma Igreja e perfeita discípula de seu Filho. A ideia de Maria, Mãe da Igreja, está vinculada à sua mediação materna e à sua presença gloriosa no caminho do povo de Deus em marcha. Como Mãe de Deus, ela continua a participar da geração de Cristo no coração dos homens e das mulheres, permanecendo, entretanto, descendente da nova Aliança.

5

Culto mariano e piedade popular: Mariologia e religiosidade

5.1 O culto mariano na Igreja

Maria destaca-se na comunidade dos cristãos por ser a Mãe de Jesus, a intercessora junto de seu Filho, o modelo de orante, o ideal de acolhimento e total abandono nas mãos de Deus. Com estes indícios, desde a Igreja nascente, a Virgem Maria foi especialmente amada pelos seguidores de Jesus. A Igreja sempre destacou esta figura única, como atestam as fórmulas antigas do Símbolo Batismal: "Nasceu da Virgem Maria". Seu nome é recordado nas primeiras orações eucarísticas que a Igreja formulou. Esse louvor e essa admiração desenvolveram-se na história do Cristianismo em forma de invocação e de súplica. A Igreja no Oriente e no Ocidente concorda e atesta a antiguidade do culto e da veneração à Mãe de Deus.

A devoção mariana sempre foi declarada pela Igreja com um lugar especial:

> *Maria, exaltada pela graça de Deus, depois de seu Filho, acima de todos os anjos e de todos os homens, porque Mãe Santíssima de Deus, participou nos mistérios de Cristo, é honrada justamente pela Igreja com culto especial (...) esse culto, como sempre existiu na Igreja, embora seja totalmente singular, difere essencialmente do culto de adoração prestado ao Verbo encarnado, bem como ao Pai e ao Espírito Santo, e o promove de modo particular.*[1]

Na distinção entre adoração e veneração, a Igreja de Cristo sempre admirou, de modo especialíssimo, a Virgem Maria, entretanto, somente a Deus é dirigida a adoração e reconhecida a divindade. Não faltam, porém, na história da devoção mariana, excessos que comprometem esta distinção. Maria permanece na história da Igreja como auxílio dos cristãos no caminho de Jesus Cristo.

A fundamentação teológica do culto mariano foi organizada de maneira especial pelo Papa Paulo VI, em 1974, com a Exortação apostólica *Marialis Cultus*, que destaca o papel da Mãe de Deus na economia da salvação, sua presença na comunhão dos santos e o exemplo de sua fé e caridade. A Igreja reza a Maria porque reconhece sua mediação materna, seu cuidado com os filhos, atribuído a ela pelo Pai, porém totalmente dependente da única mediação de Cristo. A Igreja reza com

---

[1] Constituição dogmática *Lumen Gentium*, n. 66.

Maria, porque encontra nela a plena acolhida do Espírito Santo e para que os cristãos, seguindo seu exemplo, gerem Cristo ao mundo. A Igreja reza como Maria, porque contempla nela a entrega absoluta à vontade do Pai e à disponibilidade total ao serviço do Reino. A devoção a Virgem Maria não substitui a adoração a Deus Trindade, chamado de culto absoluto. A veneração a Mãe de Deus só pode ser fundamentada a partir de Cristo, único mediador entre o céu e a terra; neste sentido, o culto mariano pode ser chamado de relativo, isto é, dependente de Cristo.

O culto mariano não ocupa o lugar singular de Cristo na fé cristã, mas exalta a Mãe do Redentor de maneira particular. Sobre a devida veneração a Maria, São Bernardo de Claraval, no século XI, alertava: "A Virgem Rainha não tem necessidades de falsas honras, pois já é repleta de autênticos títulos de honra, de sinais de dignidade".[2] Trata-se de uma devoção cristocêntrica, pois, da mesma forma que a aurora precede o sol, Maria é o sinal precursor do Cristo, único sol e luz dos cristãos. "Ela não é o sol, que pela vivacidade dos raios poderia nos ofuscar por causa de nossa fraqueza; ela é, no entanto, bela e doce como a lua, que recebe a luz do sol e a tempera para torná-la em conformidade com a nossa pequena capacidade."[3]

---

[2] BERNARDO DE CLARAVAL. *Sermões para festas de Nossa Senhora*, p. 20.
[3] MONTFORT, L. M. G. *La vera* devozione, n. 4, p. 84.

5.2 Imagens e estátuas no culto a Maria

Com frequência os católicos são acusados por outros cristãos de idólatras por usarem estátuas e imagens em seu culto. Não raras vezes, as críticas chegam ao desrespeito e alguns pregadores chegam a promover a destruição das imagens, numa tentativa de reviver o período da iconoclastia. Nesse contexto, a devoção a Maria chega a ser mais agredida.

O Livro do Êxodo (20,4) proíbe aos israelitas a confecção de imagens porque poderiam dar oportunidade para que o povo de Israel as adorassem, como faziam os povos vizinhos que caíam facilmente na idolatria. Contudo, essa norma de proibição conhecia exceções registradas igualmente no Antigo Testamento. Por exemplo, Deus mesmo mandou confeccionar imagens como a serpente de bronze que Moisés fabricou para ser sinal de cura diante das mordidas das cobras que atingiram o povo como castigo pela idolatria. No mesmo período, Moisés mandou construir a arca da Aliança, que continha as tábuas da Lei, e sobre essa arca havia duas esculturas de anjos dourados (Ex 25,17-22; 1Rs 6,23-28; 6,29s; 7,23-26; 7,28s; Nm 21,4-9). No primeiro Templo de Salomão havia estátuas de animais enfeitando o local. Dessa forma, percebe-se que não é possível radicalizar. Os próprios judeus entenderam que a proibição de fazer imagens era condicionada por circunstâncias especiais e, aos poucos, foram introduzindo o uso de imagens nas suas sinagogas. O grande problema não são as estátuas, mas o uso delas para a idolatria.

Os cristãos podem usar imagens para suas celebrações baseados na pedagogia divina de que, pela Encarnação do Verbo, Deus, que habita uma luz inacessível, revelou-se próximo, tangível e se fez criança para nos atrair a ele. Cristo é a imagem humana de Deus e igualmente a imagem divina do humano.

À medida que os cristãos se livraram do risco da idolatria, a representação dos mistérios da Salvação servia tanto para a catequese quanto para a liturgia. Inicialmente apareceram imagens de Maria e seu Filho nas antigas catacumbas romanas. Posteriormente, o Cristo começou a ser representado como o Bom Pastor e, anos mais tarde, a crucificação passou a ser representada em pinturas e esculturas. Especial destaque merece a representação do nascimento de Jesus proposta por São Francisco de Assis, que pretendia que as pessoas entendessem "concretamente" o que o Senhor viveu em Belém.

A fé cristã reconheceu o valor pedagógico e psicológico de representar os mistérios da salvação em imagens e estátuas como suportes para a vida de oração. Todos sabem que a representação não é a pessoa ou o mistério em sua realidade, mas uma referência que enleva o pensamento e o sentimento para que mente e coração possam contemplar melhor o que tanto se deseja: o encontro com Deus.

É esclarecedor o que escreveu o Papa São Gregório Magno a Sereno, bispo de Marselha, no século VI:

Tu não devias quebrar o que foi colocado nas igrejas não para ser adorado, mas simplesmente para ser venerado. Uma coisa é adorar uma imagem, outra é aprender, mediante esta imagem, a quem se dirigem as preces. O que a Escritura é para aqueles que sabem ler, a imagem o é para os ignorantes. Mediante as imagens, eles aprendem o caminho a seguir. A imagem é o livro daqueles que não sabem ler.[4]

5.3 Mariologia e religiosidade

A *Evangelii Nuntiandi*, de Paulo VI, permite um novo olhar da Igreja sobre a religiosidade popular. O texto menciona a descoberta do valor da religiosidade no meio do povo. Reconhece que nela está presente uma

sede de Deus, que somente os pobres e os simples podem experimentar (...). Ela, depois, suscita atitudes interiores que raramente se observam alhures no mesmo grau: paciência, sentido da cruz na vida cotidiana, desapego, aceitação dos outros, dedicação, devoção etc.[5]

Considerando o valor dessa experiência com o sagrado, a *Evangelii Nuntiandi* prefere denominar a religiosidade do povo como piedade popular, no sentido de religião do povo, em vez de religiosidade.[6]

---

[4] GREGÓRIO MAGNO. Epístola XI 13. In: *Patrologia Latina* 77, 1128c.
[5] PAULO VI. *Evangelii Nuntiandi*, n. 48.
[6] Ibid.

5.4 Súplicas marianas

Um antigo papiro encontrado entre as areias do Egito, no ano de 1938, contém uma oração que possivelmente seja a mais antiga prece mariana que chegou até nossos dias. É um texto do século III que assim reza: "À vossa proteção recorremos, Santa Mãe de Deus; não desprezeis as nossas súplicas em nossas necessidades, mas livrai-nos sempre de todos os perigos, ó Virgem gloriosa e bendita. Amém. À vossa proteção recorremos, Medianeira, em nossas necessidades".

5.5 *Ângelus*

O *Ângelus* é a oração que marca a hora mariana. Ele nasceu e difundiu-se como uma prece crepuscular, geralmente às 18 horas. O *Ângelus* e a Ave-Maria se tornaram a memória viva do anúncio que Maria recebeu. A vida cristã leva em seu coração e tem como princípio e como final o nascimento de Jesus Cristo, o Verbo que se fez carne e habitou entre nós. Hoje, pode-se escutar, em muitas rádios da cidade, o *Ângelus* e a oração da Ave-Maria no horário vespertino. Originalmente, era o toque dos sinos nos campanários que convidava os camponeses a fazerem uma trégua em suas lidas e recitarem a Ave-Maria. Depois, desenvolveu-se o costume de rezá-la também no amanhecer e ao meio-dia. Alguns afirmam, poética e simbolicamente, que, quando os ponteiros apontam para o céu (6h, 12h e 18h), é hora de o cristão voltar seu olhar para Deus sob a intercessão de Maria. A prece recorda a saudação do anjo e determina o início, o centro e o fim do dia. Ao contemplar este mistério, o cristão vive uma contínua atualização do "sim" que trouxe Deus ao mundo.

5.6 Escapulário

O escapulário de Nossa Senhora tem esse nome porque deve ser colocado sobre a escápula (perto dos ombros) para servir de proteção espiritual, como se fosse um escudo. Ele é feito de duas imagens, a de Jesus e a de Maria, sendo posto de tal modo que uma fica na frente e outra nas costas. É o abraço de Jesus e de Maria a nos proteger no caminho da vida.

O escapulário não é um sinal de proteção mágica ou um amuleto. Quem o usa, tem a proteção da fé e deve seguir o que Jesus ensinou, cumprindo o mandamento do amor.

5.7 Rosário

A palavra "rosário" significa grinalda de rosas dedicada a Mãe de Jesus, através da repetição da Ave-Maria por 200 vezes. Assim como os mantras orientais repetem sempre as mesmas frases para inserir o orante na contemplação do mistério, a repetição das Ave-Marias transporta o cristão para meditação e aprofundamento do significado dos eventos vividos por Jesus

Cristo e sua Mãe que transformaram a história e possibilitaram a salvação da humanidade.

O rosário foi criado pelo espanhol São Domingos de Gusmão, entre 1205 e 1208. Inicialmente foi denominado saltério da Virgem Maria, porque as 150 Ave-Marias correspondiam aos 150 Salmos que os cristãos deviam recitar toda semana. Tratava-se de um recurso para alimentar a espiritualidade da maioria das pessoas que não sabia ler. Na primeira versão, as pessoas carregavam 150 pedrinhas em uma bolsa de couro, depois foram criados cordões com 150 nós e, finalmente, se chegou ao atual modelo de contas.

Originalmente o rosário era composto de 150 Ave-Marias, divididas em três grupos de mistérios: gozosos, dolorosos, gloriosos. A oração dirigida a Maria, no rosário, é totalmente cristocêntrica, pois faz o cristão meditar sobre os acontecimentos salvíficos realizados por Cristo.

Hoje estamos mais habituados ao terço: uma parte do rosário, apenas 50 Ave-Marias. Em sua Carta apostólica *Rosarium Virginis Mariae*, publicada em 2002, São João Paulo II inseriu cinco novos mistérios na estrutura do rosário: os luminosos, que meditam a vida pública de Jesus. Como "compêndio do Evangelho", é conveniente que o rosário, depois de recordar a encarnação e a vida oculta de Cristo (mistérios gozosos), antes de se deter nos sofrimentos da paixão (mistérios dolorosos) e no triunfo da ressurreição (mistérios gloriosos), concentre a meditação sobre alguns momentos significativos da vida pública (mistérios luminosos).

São João Paulo II também sugeriu que os mistérios gozosos sejam recitados às segundas-feiras e aos sábados; os mistérios dolorosos, às terças-feiras e às sextas-feiras; os mistérios luminosos, às quintas-feiras; os mistérios gloriosos, às quartas-feiras e aos domingos. Esta proposta, entretanto, não limita a liberdade de opção na forma de rezar o rosário, seja pessoal ou comunitariamente.

Sobre a importância dessa oração para a paz e para o bem das famílias, a *Carta Rosarium Virginis Mariae* destaca:

> *Rezar o rosário pelos filhos e, mais ainda, com os filhos, educando-os desde tenra idade para este momento diário de "paragem orante" da família, não traz por certo a solução de todos os problemas, mas é uma ajuda espiritual que não se deve subestimar. Pode-se objetar que o rosário parece uma oração pouco adaptada ao gosto das crianças e jovens de hoje. Mas a objeção parte talvez da forma muitas vezes pouco cuidada de o rezar. Ora, ressalvada a sua estrutura fundamental, nada impede que a recitação do rosário para crianças e jovens, tanto em família como nos grupos, seja enriquecida com atrativos simbólicos e práticos, que favoreçam a sua compreensão e valorização. Por que não tentar?*[7]

---

[7] JOÃO PAULO II. Carta apostólica *Rosarium Virginis Mariae*, n. 42.

5.8 Santa Maria no sábado

No século IX, o Ocidente introduziu a devoção a Maria no sábado.

> *Alcuíno (735–804), o beneditino irlandês que contribuiu de modo decisivo para a reforma litúrgica carolíngia, (...) introduziu um elemento decisivo ao ciclo semanal, que o fez evoluir em uma nova direção. Com o objetivo de completar o sacramentário, em sua parte vazia, compilou uma série de sete formulários de missas votivas para os dias da semana, para não se precisar a cada dia repetir a missa do domingo: a penúltima missa é a de Santa Cruz, a última é a de Santa Maria.*[8]

Há, também, outra motivação: no sábado em que Jesus esteve no sepulcro, acredita-se que apenas Maria conservou sólida e intacta sua fé. O sábado, entre a Sexta-Feira da Paixão e o domingo de Páscoa, está repleto da fé de Maria. Ela, a primeira fiel, permanece sozinha, mantendo viva a chama da fé. O sábado também pode ser a memória das dores de Maria, que vê seu Filho crucificado. "Uma espada traspassará a tua alma" (Lc 2,35). Houve tempo em que os cristãos jejuavam neste dia para recordar as dores de Nossa Senhora no sábado santo. O sábado é o dia da dor da Mãe, ligado à sexta-feira, que faz memória do sofrimento redentor do Filho.

---

[8] S. ROSSO. Sábado. In: DE FIORES; MEO. *Dicionário de Mariologia*, p. 1.145.

Maria é a mulher do sábado santo, que conserva sua fé no silêncio abissal permitido por Deus e experimentado pela comunidade entre a morte e a ressurreição de Jesus. Enquanto não se ouve nenhuma palavra de Deus que condene as forças assassinas que matam o inocente, Maria apresenta-se no silêncio da fé que não tem todas as respostas. Através da memória do sábado de Israel, é possível aos cristãos reconhecerem a santidade do tempo abençoado por Deus. Este dia recorda que o Deus da Aliança é fiel e não cansa de cuidar da caminhada do povo rumo à pátria definitiva.

5.9 Romarias

Estar a caminho, ao longo da estrada, é a condição real do ser humano. Faz parte da essência da fé cristã o caráter provisório e inacabado da existência na terra. O peregrino sabe que a caminhada é, antes de tudo, uma realidade interior que tende ao Absoluto. Caminhar é uma categoria espiritual. Na caminhada exterior o ser humano quer encontrar a si mesmo.

> *Quem caminha rumo a um santuário, na verdade está à procura de sua realidade mais íntima e mais profunda. Quem tem fé vive como um andarilho, que não quer se instalar no provisório nem se fixar em suas construções. Experimenta a vida como uma contínua peregrinação, uma procura da fonte existencial que sacia sua sede. Sua vocação essencial é colocar-se a cami-*

nho em busca da razão profunda das coisas, buscar o que é maior ao caminho e ao caminheiro.[9]

O fundamento da prática de peregrinar aos santuários cristãos encontra-se na fé judaica, que, há muito tempo, tem como meta Jerusalém. Ela é a cidade-templo. Os árabes a chamam de "a Santa" (Quds). O Salmo 102 a canta dizendo: "aos teus servos são estimadas as pedras de Sião". Famosos são os versos do Salmo 122 que proclamam: "Alegrei-me quando me disseram: 'Vamos à casa de Javé!'. Nossos passos já se detêm junto aos teus umbrais, Jerusalém! Jerusalém é fundada como cidade bem compacta. Para ela sobem as tribos, as tribos de Javé, segundo o costume de Israel, para celebrar o nome de Javé" (vv. 1-4). Este Salmo é um hino à Jerusalém, cantado pelos peregrinos que se dirigem à cidade para as festas. Reflete a alegria de caminhar e fundamenta a própria vocação da humanidade: reunir-se para partilhar a liberdade e a vida. Jerusalém é a cidade-símbolo que abriga o povo todo, reunido em torno do projeto de Javé: Aquele que assegura a justiça para todos. A cidade santa de Jerusalém é o lugar sonhado por todo israelita. As imagens do Trito-Isaías a cantam com expressões femininas e fecundas. Ela é a esposa por excelência, a amada, habitada pelo Senhor. Ela recebe a abundância de bênçãos e as distribui

---

[9] Cf. MATOS, H. C. J. *A oração dos simples. Ser peregrino: condição existencial do cristão*, p. 23.

a todos os seus filhos. Andar em Jerusalém é como entrar no abraço de Deus e sentir o palpitar de seu coração.

A peregrinação está intimamente ligada ao sentido da conversão. Quem procura o santuário caminha em direção à vida nova que só Deus pode oferecer. As curas corporais acontecem, mas são excepcionais e raras nos locais de peregrinação. O que mais se percebe é a cura do coração, oferecida a todos, cada um a recebe em seu nível e necessidade. A vida cristã é feita de sucessivas conversões. A primeira é a do Batismo. As outras acontecem durante a existência. Embora seja possível constatar e admirar os milagres de curas físicas, dificilmente será viável contabilizar as numerosas curas interiores.

5.10 Santuários

Em muitas ocasiões da vida, o ser humano vive desorientado, no vazio e na solidão. As tribulações da existência abalam o equilíbrio e reclamam um porto seguro para repousar. Em meio ao caos, as pessoas procuram um elemento que lhes devolva a unidade perdida, que reintegre o que foi fragmentado.

Os santuários aparecem nesta paisagem de crise. É verificável a busca dos santuários como lugar do encontro do ser humano com o mistério. Sinal visível deste dado é o número expressivo de fiéis em peregrinação que estes templos atraem. Eles são espaços sagrados que permitem resgatar o diálogo salvífico entre

Deus e a pessoa – relação muitas vezes esquecida pelo ser humano, principalmente quando vive no corre-corre das grandes cidades. Este diálogo se realiza na história humana, marcando o espaço e o tempo de cada pessoa.

Santuários marianos podem ser encontrados em todas as partes do mundo. Cada cultura, região e povoado têm o seu, especialmente frequentado e amado. São prontos-socorros espirituais que ajudam o ser humano a encontrar razões para viver em meio às vicissitudes da vida e a nortear a busca de sentido para a existência humana. Nos santuários "se pode observar como Maria reúne ao seu redor os filhos que, com grandes sacrifícios, vêm peregrinos para vê-la e deixar-se olhar por ela. Lá encontram a força de Deus para suportar os sofrimentos e as fadigas da vida".[10]

Desde o Antigo Testamento, o Templo possui uma teologia singular. Após o exílio, todo Israel foi chamado a cumprir sua função sacerdotal. A reconstrução do Templo, revestido de esplendor, a restauração das muralhas de Jerusalém e a peregrinação dos pagãos ao Monte Sião eram entendidas como sinais da salvação.

O centro de toda Jerusalém é o Templo, o seu coração. Ele é a *Shekiná*: a Tenda da presença. O Templo foi construído para abrigar a Arca que continha o testamento da Aliança: o

---

[10] FRANCISCO. *Evangelii Gaudium*, n. 286.

Decálogo. Enquanto o povo peregrinava pelo deserto, a *Shekiná* assinalava a presença viva de Javé entre o povo. Quando os nômades israelitas passaram a morar na terra prometida, decidiram construir uma casa digna da presença da Arca. Foi então que Salomão construiu o exuberante Templo, destruído durante o exílio, reconstruído anos antes de Cristo e totalmente destruído posteriormente. Atualmente, apenas as pedras do "Muro das Lamentações" permanecem como testemunha material da época da ostentação do Templo. Israel, entretanto, continua a peregrinar a Jerusalém, lugar do encontro do ser humano com o infinito.

O santuário testemunha que o ser humano não foi feito para viver e morrer, mas para viver e vencer a morte na vitória de Cristo. O santuário presente e atual não é um ponto final e perene. Saboreando nele o amor de Deus, os crentes reconhecem que ainda estão a caminho. É como se o próprio santuário remetesse a um santuário maior e mais pleno: a Jerusalém celeste, o Reino da Trindade. O santuário faz o cristão desejar o céu. Da mesma forma, o santuário remete à ideia de conversão, porque, a cada dia, toda pessoa deve recomeçar sua peregrinação rumo à graça.

Os santuários marianos são memórias do dom gratuito de Deus para com seu povo. Eles evocam aparições, milagres, sinais, eventos fundadores, que constituem a verdadeira origem da devoção popular em determinado lugar de fé. Quem entra no santuário, antes de tudo, agradece a Deus os benefícios recebidos. Eles são sinais do seu amor para cada pessoa e para todo seu povo fiel. Na dimensão penitencial, o santuário evoca o momento de reconciliação e a vida nova que os sacramentos e as práticas penitenciais possibilitam. O peregrino chega ao santuário especialmente disposto a pedir perdão, e é ajudado a se abrir ao Pai, rico em misericórdia (Ef 2,4). Os testemunhos de gratidão atribuídos a Maria, em todos os continentes e culturas, "são o reconhecimento daquele amor puro que não se busca a si próprio, mas quer, simplesmente, o bem".[11]

O Papa João Paulo II explicou, no *Ângelus* de 21 de junho de 1987: "Os santuários marianos são como que a casa da Mãe, etapas de parada e de repouso na longa estrada que leva a Cristo". O santuário, como obra humana, remete à Jerusalém do céu, nossa Mãe, que desce de Deus, toda enfeitada como uma esposa (Ap 21,2), santuário escatológico perfeito, no qual a divina presença é direta e pessoal. O santuário é sinal profético de esperança, promessa que não ilude, edifício de pedra que evoca a pátria celeste.

Os santuários exercem sua missão profética e, simultaneamente, criticam a miopia das realizações humanas, que tendem a se impor como absolutas. Eles contestam os projetos presunçosos que falsificam a verdadeira esperança no futuro que só

---

[11] BENTO XVI. *Deus Caritas Est*, n. 42.

Deus pode garantir. É a denúncia profética contra as ditaduras políticas, o terrorismo, as guerras, as ideologias que pretendem dizer tudo sobre o homem, os sistemas injustos, opressores e geradores das massas empobrecidas sobre o planeta. O santuário há de identificar os sinais do anti-Reino de Cristo para ajudar a humanidade a refazer o caminho do Evangelho, abandonando os falsos ídolos e optando pela vida sempre. A provisoriedade de todos os projetos mundanos não significa desprezo pela matéria, pelo corpo, pela sociedade e pela organização do mundo. Trata-se, muito mais, de manter a constante esperança de que o absoluto e a plenitude da verdade só serão acessíveis quando Deus inaugurar seu Reino e convidar toda a criação a fazer parte de seu santuário.

Sua postura em relação ao presente é de relatividade sobre tudo o que é penúltimo em relação à Pátria última. Isso não impede que os santuários trabalhem para ajudar a humanidade a descobrir, entre os valores que passam, aqueles que permanecem. Na sua força profética, os santuários exercem a função de educadores para os valores éticos, especialmente da justiça, da solidariedade, da paz, da integridade do criado, a fim de contribuir para o crescimento da qualidade de vida para todos.

Nas origens dos santuários, há motivações de caráter sobrenatural. Neles, a Mãe de Cristo dá continuidade a seu múnus de participar nos mistérios da salvação, assistindo os remidos, exercendo a função de Mãe da Igreja, consolando os aflitos.

As construções de pedras edificam a comunidade humana em templos mais perenes e importantes. Os edifícios sagrados testemunham os fatos extraordinários, as graças alcançadas e os milagres (mesmo que não o sejam no sentido estrito). A aparição, como uma visão ou um sonho, gera um movimento concreto e real de homens e mulheres fascinados e atraídos pelo mistério.

5.11 Ex-votos e milagres

O ex-voto é o presente dado pelo fiel em agradecimento à graça alcançada por uma promessa. Os ex-votos não têm a preocupação de afirmar se cada motivo de agradecer é graça, milagre ou prodígio. O mais importante é expressar o amor a Maria, que intercede junto a Deus em favor do devoto. É importante, porém, procurar definir o milagre. Ele é uma mensagem de salvação, é o início de um diálogo entre o céu e a terra. Deus age em favor de seus filhos para lhes revelar sua vontade amorosa. Geralmente, os milagres têm uma função pedagógica: querem ensinar toda a comunidade crente e alastrar sua mensagem à sociedade. O milagre não se concentra sobre o miraculado, sobre quem recebe a intervenção sobrenatural. Ele se vale de uma parte para beneficiar o todo, faz de alguém instrumento da misericórdia divina. O instrumento não é entendido como um objeto, mas como um missionário do céu. Muitas vezes a mensagem é muda, não precisa gritar e anunciar, basta ver o paralítico que anda ou o doente desenganado pela medicina que volta às suas funções para que esta "instrumentalidade" se efetive.

O milagre não é imposto, ele deve ser reconhecido, isto é, é preciso perceber quem é o autor do fato extraordinário, conhecer o Deus invocado e inatingível que se abaixa para escutar a dor de seu povo. O reconhecimento é um ato de fé que depende da liberdade humana. Engana-se quem pensa que o milagre é capaz de converter um descrente. Nem sempre. Depende da situação de abertura e acolhida do dom que vem ao encontro do ser humano. A fé é o elemento que dá sentido ao milagre que parece absurdo à lógica dos fatos. O milagre também não dá respostas, antes, incita perguntas novas. Quer estabelecer um diálogo maior entre Deus e suas criaturas, quer preparar a humanidade para acolher a mensagem divina.

No caminho de descobrir o que é o milagre, é preciso compará-lo com outros sinais de Deus no meio de nós. Há muita gente que pensa nas curas causadas pela autossugestão como milagres de Deus. Com a Igreja, é preciso reconhecer que só será atestado o milagre quando houver intervenção extraordinária, sobrenatural e sem explicação plausível nas ciências. Deve ser um ato repentino, estável e inexplicável. O seu objetivo será sempre um benefício. Diferentes são as curas que a psicologia pode explicar, principalmente em situações de desequilíbrio emocional temporário. Neste caso, a oração pode ser um aliado fundamental, e Deus provavelmente ajudará para que o resultado seja o melhor possível, no menor período de tempo. O que não se pode é atribuir a milagres mudanças de estado emocional.

5.12 Aparições de Nossa Senhora

Diante da singularidade da revelação ocorrida em Jesus, é preciso confrontar como a fé cristã compreende as devoções em aparições marianas. Mesmo as aparições aprovadas pela Igreja não são objetivas, no sentido de ser algo físico, capaz de ser registrado e verificado cientificamente. A objetividade das aparições está no fato de gerarem a experiência da fé no coração das pessoas. No relato de uma aparição, o núcleo não está nos aspectos extraordinários que podem ocorrer, mas no significado da mensagem que a revelação particular enuncia.

É possível compreender as aparições através do gênero profético. Elas proclamam uma mensagem que convida à oração e à penitência. Trata-se de um apelo do céu para a conversão ao Evangelho de Cristo. A mensagem é sustentada por um quadro simbólico, ao qual o vidente atribui singular importância, e objetiva chamar atenção ao conteúdo do que é pedido. O caráter profético está presente também no sujeito passivo da aparição: o vidente. O vocábulo vidente era usado no tempo bíblico também para designar os "*nablin*", ou seja, os profetas. Mesmo que cresça o número de falsos videntes, principalmente em tempo de crise, isto está consoante aos falsos profetas que são desmascarados. O que é verdadeiro e de origem sobrenatural sobrevive e se fortalece com o passar dos anos, mantendo uma mensagem renovada e atualizada em cada contexto histórico.

Nas tradições judaica e cristã encontram-se muitos relatos de fatos extraordinários que recebem interpretação advinda da experiência religiosa: Abraão recebe a visita dos três anjos em Mambré; Moisés ouve a voz do Senhor e vê a sarça ardente que não se consome; Elias percebe o Deus na brisa suave que passa pelo Monte Horeb; Maria recebe o anúncio do Anjo Gabriel. São diversos os encontros do ser humano mortal com o mistério infinito e eterno.

O Cristianismo também está marcado por relatos de pessoas que dizem ter recebido mensagens do céu através de visões e revelações. Francisco de Assis sentiu-se interpelado por Cristo ao rezar diante da cruz de São Damião; Teresa D'Ávila encontrou-se com o Menino Jesus no corredor do Carmelo; Joana D'Arc ouvia vozes; Santa Margarida Maria Alacoque recebeu as mensagens do Sagrado Coração de Jesus.

Não é possível, portanto, de antemão, rejeitar a possibilidade das aparições marianas. A dificuldade principal, contudo, reside na verificação de sua autenticidade. Quando a Igreja reconhece uma aparição de Nossa Senhora, não significa que esteja propondo a todos os cristãos acreditarem naquela revelação particular.

Numa aparição, não basta o princípio de que é pelos frutos que se conhece a árvore. A criteriosa verificação da Igreja sobre revelações particulares e aparições expressa sua responsabilidade, a fim de manter-se fiel à Revelação normativa dada em Jesus Cristo. Há sempre a possibilidade de engano nas visões.

Jesus é o critério de avaliação de todas as revelações particulares. Nenhuma aparição pode contradizer ou acrescentar elementos novos à Revelação do Filho de Deus feito carne. Nada de novo pode ser dito sobre a salvação, a não ser o que o Evangelho ensina. Sobre isso a era apostólica foi muito incisiva: "Na realidade, porém, não existe outro Evangelho. (...) Maldito aquele que anunciar a vocês um Evangelho diferente daquele que anunciamos, ainda que sejamos nós mesmos ou algum anjo do céu" (Gl 1,7-8).

Importante é a finalidade da aparição: "o que vem realmente de Deus orienta-se para o aprofundamento da vida e da fé, na vivência do Evangelho, na busca incessante de íntima comunhão com Deus".[12] Por isso, a aparição deve conduzir ao recolhimento, à vivência mais autêntica do Cristianismo. Há também de se perceber os efeitos da aparição com vistas à salvação: mudança de vida, conversão constante do vidente e daqueles que o seguem na devoção. Desenvolve-se uma espiritualidade em torno da aparição. Isto significa muito mais que exercícios de piedade e multiplicação de orações. Há constatações tanto de mudanças de atitudes como de crescimento humano, afetivo e espiritual.

---

[12] CNBB. *Aparições e revelações particulares*, p. 53.

As aparições ou revelações particulares são consideradas experiências de ordem psíquica. Nelas, no entanto, se reconhecem fenômenos extraordinários, relatados pelos videntes e que podem favorecer uma vivência maior da fé cristã.

Na perspectiva das ciências, as aparições ensinam a reconhecer

> que existe um imenso território a elas inacessível, aberto a outras formas de conhecimento que ultrapassam os limites do que é cientificamente controlável. Por conseguinte, a ciência, hoje, não pretende negar a priori que possa haver fenômenos extraordinários. Apenas diz que não pode afirmá-los, a partir de suas regras de saber.[13]

As aparições podem ser colocadas no quadro das percepções a que o ser humano tem acesso, ultrapassando os sentidos normais. Há percepções extraordinárias e extrassensoriais. A realidade vai além do que é percebido pelos sentidos. Há quem veja o invisível e ouça o inaudível, porque há diferentes modos de ver e ouvir nosso mundo. Os sentidos externos e internos apenas constatam os fenômenos sem emitir um juízo sobre sua natureza. É a inteligência humana que interpreta e organiza os dados disponíveis. Alguém, por exemplo, devido à velocidade da luz, pode ver uma estrela brilhar no firmamento, mesmo que ela

---

[13] Ibid., p. 12.

já tenha explodido. Ver o brilho da estrela não significa afirmar que ela existe. É preciso avaliar, julgar e raciocinar para saber se os sentidos estão percebendo verdadeiramente uma realidade.

Os estudiosos das aparições, para verificar sua autenticidade, geralmente apoiam suas teses em quatro pontos fundamentais:

- análise do fato em si mesmo;
- o impacto sobre o lugar do ocorrido;
- o crédito dado à aparição por diferentes tipos de pessoas;
- as consequências extraordinárias que seguem ao fato e que se tornam provas irrefutáveis.

Há, portanto, duas linguagens para o acesso à realidade: uma é a das visões, do imaginal, do simbólico; outra é a científica, empírica e verificável. Ambas devem estar em relação. Um cientista arraigado em suas pesquisas não precisa abandonar sua espiritualidade ou mesmo deixar de acolher a mensagem de uma aparição mariana.

Para os cristãos, todos os relatos devem ser confrontados com a revelação de Jesus Cristo contida nos Evangelhos. Este é o critério fundamental para verificar se uma narrativa, fato ou revelação particular podem auxiliar no crescimento da fé. A ação do Espírito Santo no mundo continua a suscitar discípulos e discípulas de Jesus. Ao longo da história, é grande o testemunho de pessoas que perceberam a mão de Deus que revela seu amor e sua ternura em todos os tempos e a todos os povos.

As aparições, os relatos dos videntes, os sinais e os devotos nos locais da aparição não são definidos pela Igreja como uma revelação a ser aceita por todos os católicos. A postura da Igreja é de aceitação, como merecedoras de fé, devido aos testemunhos e à tradição que têm. Tais revelações particulares, ou aparições, não são condenadas nem aprovadas, mas foram aceitas para serem publicadas para instrução e utilidade dos fiéis, depois de um maduro exame. Na prática, a autoridade da Igreja não garante a verdade do fato das aparições, apenas não impede que se acredite nelas.[14] Não se exige do fiel uma adesão de fé divina ou católica, por serem elas apenas um ato de fé humana. A aprovação da Igreja não é afirmação infalível, mas permissiva. É mais uma permissão do que uma aprovação.

A posição da Igreja parte do princípio de que o Magistério não pode obrigar os fiéis a crerem como verdades reveladas por Deus o que não fora manifestado como revelação pública. As aparições têm apenas caráter privado com incidência sobre o coletivo, não se trata de uma revelação normativa. A atitude cautelosa da Igreja se sustenta pelas muitas possíveis causas de engano.

As aparições têm sua razão de ser, seu lugar certo. Elas não são dadas para propor doutrinas ou revelar verdades novas, mas pretendem guiar a conduta dos cristãos para viverem na

---

[14] Cf. ibid., p. 56.

fidelidade ao projeto de Jesus Cristo. É preciso reconhecer que toda devoção mariana tem, na dimensão cristológica e trinitária, sua característica intrínseca e essencial. Em Maria, tudo é relativo e depende de Cristo.[15] A aparição não pode distorcer ou compreender mal o lugar de Maria na Igreja de Jesus: "depois de Cristo, o mais alto e o mais perto de nós".[16]

Para que uma aparição seja reconhecida pela Igreja, a vida, a saúde psicofísica e as virtudes do vidente são determinantes. A Virgem pode aparecer tanto a santos quanto a pecadores. Um pecador, entretanto, há de manifestar sua conversão após a revelação. Deve mudar seu proceder, pois a aparição há de transformar seu ser. "Uma conduta antievangélica desacredita a aparição."[17]

Há também o problema da saúde mental do vidente. Há pessoas que afirmam ter visto a Mãe de Deus e relatam a aparição com tanta emoção, coerência e pormenores, que podem levar ao engano. Em diferentes épocas, surgiram pessoas que criaram grupos de seguidores a partir de mensagens que diziam ter sido reveladas pelo céu. A maioria dos "fenômenos" faz com que o vidente seja o centro das manifestações, de tal modo que seus adeptos preferem seguir seus ensinamentos, mesmo contrariando a posição da Igreja. Não é raro acontecer a formação de

---

[15] PAULO VI. *Marialis Cultus*, n. 25.

[16] Constituição dogmática *Lumen Gentium*, n. 54.

[17] CNBB, op. cit., p. 52.

grupos que se separam da posição do bispo local ou do pronunciamento da Igreja.

No intuito de ser profética, uma aparição mariana denuncia a miopia da realidade na qual as pessoas vivem e anuncia caminhos novos de vida e esperança. Os videntes tornam-se alvo de muitas críticas, no primeiro instante. É preciso certo tempo para confirmar com gestos e palavras as experiências particulares. Juan Diego, na aparição de Guadalupe; Bernadette Soubirous, em Lourdes; Lúcia, Jacinta e Francisco, em Fátima, também sofreram muitas dificuldades para anunciar o que lhes fora solicitado. Pacíficas, entretanto, eram suas posturas em relação à Igreja: evitaram a segregação e uma radicalidade que estivesse acima de quem, de direito, deveria tornar pública a revelação particular.

Diferente é a intenção de videntes que centralizam sobre si e suas mensagens a atenção do povo que os cerca. Dividem, causam a ruptura e, tragicamente, levam os adeptos ao caminho da segregação da comunidade de Jesus. São perspectivas personalistas e perigosas, porque deslocam o eixo central da fé: o Evangelho de Cristo dá lugar a revelações secretas que o vidente tende a relatar, ao longo do tempo, para seu grupo de fiéis.

Os relatos das aparições são repassados em linguagem humana e devem ser interpretados de acordo com os critérios da leitura histórica dos fatos. Determinante é, neste caso, saber quem recebe a mensagem e o meio cultural no qual ela é produzida.

Enfim, através das aparições marianas, o culto à Virgem Maria assume a história humana em sua forma mais concreta. As revelações particulares dão a entender que o sobrenatural não está distante ou ausente dos dramas e perigos pelos quais a humanidade passa. Na infinita comunicação amorosa de Deus com a comunidade humana, conhece-se uma miríade de formas, mensagens e sinais. Tudo sinaliza esta "sinfonia" harmoniosa que o Criador sempre está tocando, revelando seu amor. Há quem, através da sensibilidade para com as coisas do Eterno, consiga escutar mais que outros. Alguns escutam apenas uma nota, outros uma linha melódica inteira. Há, entretanto, quem se sente inebriado pela sinfonia e colhe toda a música que o Divino Músico executa.

A Mãe de Jesus participa, de maneira singular, desta comunicação entre céu e terra. Suas aparições sempre estão aureoladas de luz, porque iluminam as sombras da realidade na qual a humanidade se encontra. Suas palavras repetem a mesma mensagem proposta no Evangelho de seu Filho, com vistas à conversão das pessoas e da sociedade para uma vida mais digna e feliz.

A intercessão da Mãe do Redentor alcançou os benefícios do céu. O pedido de orações e práticas penitenciais das aparições marianas é para que a humanidade dê sua resposta de acolhida ao grande dom. Não esqueçamos que o pedido de Maria não condiciona o futuro da história: Deus já salvou a humanidade, apesar dos pecados. A promessa da misericórdia já está assegurada, é preciso ser misericordioso para assemelhar-se ao Pai das misericórdias. Diante do dom recebido, o ser humano deve corresponder à tarefa de acolhê-lo e reconhecê-lo.

5.13 Espiritualidade mariana

Com Maria, é preciso educar o olhar à contemplação. Só assim é possível sair de uma fé fechada sobre si mesma, que nasce do medo, ou fria, porque é mais tradição e cultura do que adesão incondicional ao mistério. "Maria sabe reconhecer os vestígios do Espírito de Deus tanto nos grandes acontecimentos como naqueles que parecem imperceptíveis. É contemplativa do mistério de Deus no mundo, na história e na vida diária de cada um e de todos."[18]

A contemplação nasce da disponibilidade de deixar o Senhor falar, deixar que ele se mostre. O ato de contemplar, antes de ser o resultado de um esforço humano, é muito mais "dar espaço" para Deus. Ele se movimenta pela coragem do espírito humano de não presumir nem pretender saber tudo ou conhecer tudo. É um abandono nas mãos do mistério, dirigindo-se a ele com simplicidade: "Mostra-me o teu rosto!".

Quando se contempla Deus, enxerga-se o mundo com outros olhos. As cores da vida sobressaem diante da opacidade

---

[18] FRANCISCO. *Evangelii Gaudium*, n. 288.

da existência. Passa-se a ver a beleza do pequeno e do simples. Educando o olhar para ver as necessidades dos irmãos e irmãs, o cristão há de se alegrar com Jesus e louvar ao Pai, que se revela aos pequenos e humildes. Há de sofrer e chorar com Jesus diante de Jerusalém que não o acolhe. Há de chorar com Maria, lamentando a cultura da morte, que ainda impera no coração humano.

Somente um olhar interessado pelo destino do mundo e do ser humano permitirá experimentar a dor pela situação confusa e mortífera que rege a história. Maria, enquanto representante da humanidade na glória divina, não estaria afetada pela dor que aflige seus filhos? Guerras, fome, exclusões, injustiças e violência modelam rostos marcados pelo pranto, pela dor e pela indignação.

A Mãe de Jesus adquiriu esta propriedade de olhar o mundo com os olhos de Deus, na medida em que educou sua visão no convívio com Cristo:

> *Algumas vezes será um olhar interrogativo, como no episódio da perda no Templo: Filho, por que nos fizeste isto? (Lc 2,48); em outro caso será um olhar penetrante, capaz de ler no íntimo de Jesus, a ponto de perceber seus sentimentos escondidos e adivinhar suas decisões, como em Caná (cf. Jo 2,5); outras vezes, será um olhar doloroso, sobretudo aos pés da cruz, onde haverá ainda, de certa forma, o olhar da parturiente, pois Maria não se limitará a compartilhar a paixão e a morte do Unigênito,*

mas acolherá o novo Filho a ela entregue na pessoa do discípulo predileto (cf. Jo 19,26-27); na manhã da Páscoa, será um olhar radioso pela alegria da Ressurreição e, enfim, um olhar ardoroso pela efusão do Espírito no dia de Pentecostes (cf. At 1,14).[19]

---

[19] JOÃO PAULO II. Carta apostólica *Rosarium Virginis Mariae*, n. 10.

Conclusão

Maria é inspiração e companhia para quem se dispõe a seguir Jesus Cristo. Ela é modelo para a Igreja inteira. Contemplando o seu "sim", o ser humano acolhe o Verbo no qual tudo tem princípio e é a própria finalidade da criação. Percorrer os passos de Maria registrados na Sagrada Escritura é recuperar a memória de fatos que determinaram a História da Salvação. Do presépio até a cruz, a presença silenciosa de Maria é a força de que todo cristão precisa para se manter fiel no caminho do discipulado.

Em Maria, Deus vem ao encontro do humano. Com Maria, a humanidade vai ao encontro de Deus da forma mais perfeita. Maria é, assim, duplamente Mãe, porque, antes de gerar Cristo na carne, o concebeu na fé.[1] Nela, a maternidade transcende os limites biológicos e humanos e se abre para as infinitas possibilidades da Trindade Santíssima. Ela acolhe o desígnio do Pai, como filha eleita. Aceita incondicionalmente o Verbo de Deus em seu ventre, como Mãe digna do Filho. Disponibiliza todo o seu ser, sem nada reter para si, deixando-se cobrir pela sombra do Espírito, do qual se torna esposa. Nesse sentido,

---

[1] SANTO AGOSTINHO. Sermo. 233, 3, 4. In: *Patrologia Latina*, 38, 1.114.

bem adequadas são as aclamações do hino bizantino *Akáthistos*: "Salve filha do teu Filho! Ave, virgem e esposa!".

Maria é o ícone da Igreja. Ela coopera com os discípulos em todas as etapas do Cristianismo. Sua presença materna revela receptividade ativa e fecundidade.[2] Na Mãe de Deus ocorre a valorização efetiva da presença criativa da mulher, imprescindível na comunidade-Igreja:

> *Poder-se-ia dizer que é particularmente na direção da santidade que a mulher pode exercer o seu carisma materno. De santidade, a Igreja tem imensa necessidade; por isso, tem imensa necessidade da presença viva, participante e fecunda da mulher materna, isto é, da mulher ativa, responsável e criativa em seu amor irradiante.*[3]

A Virgem foi a criatura humana que viveu plenamente na fidelidade ao Senhor. Foi capaz de colaborar com ele através do seu *fiat* (faça-se). Aquela que gerou o Messias para o mundo é também Mãe da esperança e causa de alegria para quem espera o Reino definitivo. Ela é virgem, mãe e esposa, fiel e perfeita discípula de seu Filho. Sua presença de mãe, mulher, discípula e aurora aponta para o Sol [Cristo] que não conhece ocaso.

Na perspectiva da Mariologia cristocêntrica, compreende-se a invocação que repetidas vezes o povo cristão reza: "Rogai por

---

[2] LAURENTIN, R. *Maria, clave Del misterio Cristiano*, p. 43.

[3] FORTE, B. *Maria, mulher ícone do mistério*, p. 214.

nós Santa Mãe de Deus, para que sejamos dignos das promessas *de Cristo!*". O Cristo que cumpriu as promessas messiânicas, através da ressurreição, abriu o Reino dos céus para a humanidade. O Deus fiel, o Deus de Abraão, Isaac e Jacó, o Deus que ressuscitou Jesus dentre os mortos há de cumprir o que prometeu: a vitória da vida sobre a morte. Neste caminho, Maria é sinal indicativo e Mãe intercessora para que se cumpra a esperança que seu Filho semeou no coração da Igreja.

A Virgem testemunha nosso destino futuro no Cristo total (Ef 1,10). Enquanto estamos mergulhados entre as fraquezas humanas, Maria é nossa intercessora. Ela se apresenta em nossa vida não apenas para escutar as súplicas que se elevam em cada santuário ou para atender nossas necessidades terrenas. Sua principal missão é nos tornar ressuscitados, herdeiros do Reino do Pai, anunciado por Cristo e revelado no Espírito. Cada vez que Maria acolhe nossas súplicas e louvores, ela exerce sua maternidade pascal em vista da grande conformação de todos a Cristo.

Com toda a Igreja, o cristão venera a Mãe de Jesus Cristo de forma especial e a ela recorre dizendo:

Alegra-te Maria, Mãe de Deus, tesouro digno de ser venerado no mundo inteiro, luz que não se apaga.

Por ti, a Trindade é santificada.

Por ti, a cruz é venerada em todo o mundo.

Por ti, o céu tem alegria.

Eis tua mãe

Por ti, se alegram os anjos e os arcanjos.
Por ti são expulsos os demônios.
Por ti, a criatura decaída é elevada até o céu.
Por ti, as igrejas são fundadas em todo o mundo.
Por ti, os povos são conduzidos à conversão.[4]

---
[4] CIRILLO DI ALESSANDRIA. *Omelia contro Nestorio, pronunciata nella chiesa di Santa Maria*, n. 4. p. 77, 992-996bc.

Referências

AMATO, Angelo. *Maria e la Trinità*, Milano: San Paolo, 2000.

BARTOLI, Luciano. *Lessico di Simbologia Mariana*. Pádua: Gregoriana, 1988.

BENTO XVI. Carta encíclica *Deus Caritas Est*, sobre o amor cristão. São Paulo: Paulinas, 2006.

_____. Exortação apostólica pós-sinodal *Sacramentum Caritatis*, sobre a Eucaristia, fonte e ápice da vida e da missão da Igreja. São Paulo: Paulinas, 2007.

_____. Exortação apostólica pós-sinodal *Verbum Domini*, sobre a Palavra de Deus na vida e na missão da Igreja. São Paulo: Paulinas, 2010.

BERNARDO DE CLARAVAL. *Sermões para festas de Nossa Senhora*. Petrópolis: Vozes, 1999.

BOFF, Clodovis. *O cotidiano de Maria de Nazaré*. São Paulo: Salesiana, 2003.

BRUSTOLIN, Leomar Antônio. *Quando Cristo vem*. São Paulo: Paulus, 2001.

_____. *Maria, símbolo do cuidado de Deus*. São Paulo: Paulinas, 2003.

_____. Santuários: caminhos de contemplação da beleza de Deus. Porto Alegre, *Teocomunicação*, v. 37, n. 156, p. 231-239.

CNBB. *Aparições e revelações particulares*. São Paulo: Paulinas, 1990. (Doutrinas n. 11.)

_____. *Com Maria rumo ao novo milênio*. São Paulo: Paulinas, 1998.

CONSTITUIÇÃO DOGMÁTICA *LUMEN GENTIUM*. *Documentos do Concílio Ecumênico Vaticano II*. São Paulo: Paulus, 1997.

DE FIORES, Stefano; MEO, Salvatore. *Dicionário de Mariologia*. São Paulo: Paulus, 1995.

DENZINGER-HÜNERMANN. *Compêndio dos símbolos, definições e declarações de fé e moral* São Paulo: Paulinas/Loyola, 2007.

EVDOKÍMOV, Pàvel. *Teologia dela Bellezza:* L'Arte dell'icona. Milano: San Paolo, 1990.

FORTE, Bruno. *Maria, mulher ícone do mistério*. São Paulo: Paulinas, 1991.

FRANCISCO. Carta encíclica *Lumen Fidei*. A luz da fé. Brasília: CNBB, 2013.

_____. Exortação apostólica *Evangelli Gaudium*, sobre o anúncio do Evangelho no mundo atual. São Paulo: Paulinas, 2014.

_____. Bula de Proclamação do Jubileu Extraordinário da Misericórdia *Misericordiae Vultus*. Brasília: CNBB, 2015.

_____. Carta encíclica *Laudato Sì*, sobre o cuidado da criação. São Paulo: Paulinas, 2015.

JOÃO PAULO II. Carta encíclica *Dives in Misericordia*. São Paulo: Paulinas, 1980.

_____. Carta encíclica *Redemptoris Mater*. São Paulo: Paulinas, 1987.

_____. *Varcare la soglia della speranza*. Milano: Mondadori, 1994.

_____. Carta apostólica *Tertio Millennio Adveniente*. São Paulo: Paulinas, 1994.

_____. Carta encíclica *Evangelium Vitae*. São Paulo: Paulinas, 1995.

_____. *Carta aos artistas*. São Paulo: Paulinas, 1999.

_____. Carta apostólica *Rosarium Virginis Mariae*. São Paulo: Paulinas, 2002.

LARENTIN, René. *Tutte le genti mi diranno beata*. Due milleni di riflessioni cristiane. Bologna: EDB, 1986.

_____. *Maria, clave del misterio Cristiano*. Madrid: San Pablo, 1996.

_____. *Lourdes, Cronaca di un mistero*. Milão: Mondadori, 1987.

_____. *Compendio di Mariologia*. Roma: Ed. Paoline, 1957.

MARTINI, Carlo Maria. *La Madonna del Sabato Santo, Lettera Pastorale*, 2000-2001. Milão: Centro Ambrosiano, 2000.

MATOS, Henrique Cristiano José. *A oração dos simples. Ser peregrino: condição existencial do cristão*. Belo Horizonte: Promoção da Família Editora, 1991.

MISSAL ROMANO. São Paulo: Paulus, 2015.

MONTFORT, Luigi Maria Grignion. *La vera devozione*. Roma: Ed. Monfortane, 2000.

MUSCIO, Arrigo. *La Regina dei Profetti*. Milão: Segno,1993.

NOLA, G. Di; TONIOLO, E. M.; GHARIB, G. *Testi mariani del primo millennio*. Roma: Città Nuova, 2001. V. 2.

PAULO VI. *Exortazione Apostolica Signum Magnum*. Vaticano: Editrice Vaticano, 1967.

_____. Exortação apostólica *Marialis Cultus*. São Paulo: Paulinas, 1974.

_____. Exortação apostólica *Evangelii Nuntiandi*. São Paulo: Paulinas, 1975.

SANTO AGOSTINHO. *Confissões*. São Paulo: Paulus, 2003.

SCHILLEBEECKX, Edward; HALKES, Catharina. *Maria: ieri, oggi, domani*. Brescia: Queriniana, 1995.

Rua Dona Inácia Uchoa, 62
04110-020 – São Paulo – SP (Brasil)
Tel.: (11) 2125-3500
http://www.paulinas.com.br – editora@paulinas.com.br
Telemarketing e SAC: 0800-7010081